AF569263

danubebooks

Gudrun Hackenberg

Das Geschenk der leeren Hände

Annemarie Ackermann –
eine Biografie

Bibliografische Information der Deutschen Nationalbibliothek:
Die Deutsche Nationalbibliothek verzeichnet diese Publikation in der Deutschen Nationalbibliografie; detaillierte bibliografische Daten sind im Internet unter http://dnb.d-nb.de abrufbar.

© 2024 danube books Verlag e.K., Ulm

Umschlaggestaltung	www.timo-ueffing.de
Lektorat	Evelyn Bubich, Wien
Verlag	danube books Verlag e. K., Ulm
Druck und Bindung	DENONA d. o. o., Zagreb
ISBN	978-3-946046-39-4

Das Werk, einschließlich seiner Teile, ist urheberrechtlich geschützt. Jede Verwertung ohne Zustimmung des Verlags ist unzulässig. Dies gilt insbesondere für die elektronische oder sonstige Vervielfältigung, Übersetzung, Verbreitung und öffentliche Zugänglichmachung. Irrtümer und Druckfehler bleiben vorbehalten.

Inhaltsverzeichnis

Vorwort

Sehr geehrte Leserinnen und Leser,

es sind Frauen wie Zilli Schmidt, Margot Friedländer und eben auch Annemarie Ackermann, die ich zutiefst bewundere und die mich in meiner Arbeit als Beauftragte der Bundesregierung für Aussiedlerfragen und nationale Minderheiten inspirieren. Woher nimmt man die Kraft, die größten Grausamkeiten der Menschheitsgeschichte, unfassbares Leid und unerträglichen Schmerz, wie den Verlust des eigenen Kindes oder geliebter Menschen zu überleben? Woher nimmt man die Kraft, trotz all dem die eigene so kostbare Lebenszeit in den Kampf für Gerechtigkeit, in die junge Generation, die Gesellschaft und für ein besseres Miteinander zu investieren? Die Lebensgeschichten und Erlebnisse dieser Frauen lassen unsere heutigen Krisen und Herausforderungen ein Stück weit lösbarer erscheinen. Ihr Mut, ihre Tatkraft und Unnachgiebigkeit machen sie zu wichtigen Vorbildern.

Themen von zeitloser Relevanz

Ein Buch über eine Frau mit Fluchtgeschichte im Deutschen Bundestag. Was sich im ersten Moment wie eine aktuelle Erfolgsgeschichte aus der derzeitigen Legislaturperiode des Deutschen Bundestages anhört, liegt in Wahrheit 70 Jahre zurück. Und doch hat die Geschichte von Annemarie Ackermann, die in ihrer Einzigartigkeit auch heute noch vertretend für viele weitere (Spät-)Aussiedlerinnen und (Spät-)Aussiedler und Geflüchtete steht, nichts an ihrer Aktualität verloren.

Selbstverständlich haben sich die Rahmenbedingungen seit der Bundestagswahl 1953 im Vergleich zum Jahr 2023, und der Bundestagswahl 2021, verändert. Die Bundestagswahl 1953 war erst die zweite Wahl in der Geschichte der Bundesrepublik Deutschland – das Ende des Zweiten Weltkriegs und damit der Sieg über NS-Deutschland lag erst acht Jahre zurück. Als Annemarie Ackermann das erste Mal in den Bundestag gewählt wurde, sah die Realität für Frauen in der Bundesrepublik anders aus als heute. Frauen besaßen keine Vollmacht für ein gemeinsames Bankkonto, Ehemänner konnten ohne Zustimmung ihrer Ehefrau deren Arbeitsverhältnis kündigen oder sie zwingen, einen Beruf anzunehmen. Bei allen Fragen, die das gemeinsame Leben oder auch die Kindererziehung betrafen, hatten Männer das letzte Wort. 1961, acht Jahre nach Annemarie Ackermanns erster Wahl in den Bundestag, wurde mit Dr. Elisabeth Schwarzhaupt die erste Frau Bundesministerin. Die Vergewaltigung in der Ehe wurde erst 1997 zur Straftat erklärt. Die Zeiten, in denen Annemarie Ackermann politisch gewirkt hat, waren gänzlich andere als heute. Doch viele Themen, die schon damals für Ackermann eine große Rolle spielten, sind auch heute noch aktuell.

Die Geschichte von Flucht und Vertreibung ist die Geschichte von Frauen

Als kleines Mädchen im Grundschulalter fragte ich meine Mutter, warum wir anders sind als die anderen. Wieso alle meine Freunde in Häusern oder Wohnungen wohnten und wir zu viert in einem Zimmer im Aussiedlerheim lebten und unsere Dusche teilen mussten. Sie erzählte mir daraufhin sehr umfangreich die russlanddeutsche Geschichte meiner Familie.

Meine Vorfahren lebten über Generationen hinweg in deutschen Siedlungen an der Wolga. Die meisten Russlanddeutschen wurden spätestens nach dem Überfall der Nationalsozialisten auf die Sowjetunion systematisch verfolgt und aus ihren Siedlungsgebieten nach Sibirien sowie Zentralasien deportiert. Sie wurden kollektiv der Spionage und der Zusammenarbeit mit Nazi-Deutschland beschuldigt. Die Männer kamen in Arbeitslager oder wurden direkt ermordet, und die Frauen, die älteren Menschen und Kinder wurden in Viehwaggons zusammengepfercht und mitten in der Weite Sibiriens ausgesetzt.

Mein Großvater war zur Zeit der Deportation etwa sechs Jahre alt. Sein Vater kam in ein Arbeitslager. Er hat ihn seitdem nie wieder gesehen. Ich habe meinen Großvater als einen sehr traumatisierten Mann erlebt. Er sprach oft über die Ungerechtigkeiten, die ihn sein Leben lang verfolgten. Doch meine Mutter erzählte mir auch die Geschichte meiner Urgroßmutter Maria Schneider, die von uns allen liebevoll „onna mama" genannt wurde, was so viel heißt wie *die andere Mutter*. Maria war circa dreißig Jahre alt, als sie mit ihren Geschwistern, Eltern und drei Kindern nach Sibirien zwangsumgesiedelt wurde. Ihre Tochter Mina hat die menschenunwürdigen Bedingungen der Deportation nicht überlebt. Ob und wie sie beerdigt wurde, wissen wir bis heute nicht.

Die Ankunft in Sibirien in der Oblast Tjumen war im September. Um den extrem kalten Winter zu überleben, buddelten sie sich ein großes Erdloch, in dem sie lebten. Trotz des schrecklichen Hungers, der sibirischen Kälte, der Verfolgung und Diskriminierung sowie des Lebens unter Kommandantur überlebten Maria und ihre Familie. Sie bauten Häuser und kultivierten Felder. Ihre Sprache, Kultur und Religion gab Maria an ihre Kinder und deren Kinder so gut es ging weiter. Sie war stets eine Kämpferin, die tragende Säule, die alles zusammenhielt, und es war ihre Lebenskraft, die die Existenz meiner Familie ermöglichte.

So ähnlich wie es meiner Urgroßmutter ging, erging es vielen Frauen. Denn Flucht, Vertreibung und Deportation waren in der Zeit des Zweiten Weltkriegs vor allem eine weibliche Erfahrung. Auch heute sind rund die Hälfte der weltweit geflüchteten Menschen Frauen und Mädchen. Doch leider bleiben ihre Perspektiven in der Geschichtsschreibung und den öffentlichen Diskursen viel zu oft unsichtbar. Dabei sind und waren Frauen auf der Flucht zusätzlichen Risiken und geschlechtsspezifischer Gewalt ausgesetzt. Umso wertvoller ist es, dass Gudrun Hackenberg mit der Biografie von Annemarie Ackermann diese Perspektiven und Erfahrungen sichtbar macht.

Zwischen gestern und heute

Im jetzigen Bundestag machen Frauen rund 35 Prozent aller Abgeordneten aus. Und nur rund 11 Prozent aller Bundestagsabgeordneten haben einen Migrationshintergrund. Im Vergleich mit der Gesamtbevölkerung (28,7 Prozent mit Migrationshintergrund, 50,7 Prozent Frauen) hinkt der Deutsche Bundestag also noch immer hinterher. Dabei spielen Sichtbarkeit und Repräsentation eine wichtige Rolle in unserer Demokratie. Seit 1950 sind circa 4,5 Millionen Menschen als (Spät-)Aussiedlerinnen und (Spät-)Aussiedler nach Deutschland gekommen. Die Anzahl derjenigen, die in der Politik und den Führungspositionen Verantwortung tragen oder getragen haben, ist jedoch gering.

Die Gründe dafür sind vielfältig. Einer davon ist sicherlich, dass viele Angehörige der Erlebnisgeneration, anders als Annemarie Ackermann, schlicht nicht die Kraft, das Netzwerk und die Ressourcen hatten, um neben der Bewältigung ihrer Traumata und der Fürsorge für ihre Familie politisch Verantwortung zu übernehmen. Auch heute noch existieren Hürden, die es vielen Menschen und Angehörigen unterschiedlicher gesellschaftlicher Gruppen erschweren, sich politisch einzubringen: Sei es die befremdliche Politiksprache, die fehlenden Netzwerke oder schlicht das fehlende Geld. Zahlreiche unsichtbare, in ihrer Wirkung jedoch äußerst effektive

Hürden führen dazu, dass sich oft ein bestimmter Personentyp in politischen Machtpositionen durchsetzt. Es handelt sich dabei selten um Frauen mit Fluchterfahrung. Das ist mehr als tragisch, denn schlussendlich profitieren alle davon und vor allem unsere Demokratie, wenn Parlamente heterogen zusammengesetzt sind.

Representation matters!

Die Tatsache, ob Menschen sich in den Politikerinnen und Politikern, die sie repräsentieren, wiederfinden können, nimmt Einfluss auf ihr Vertrauen in die Demokratie. Es geht dabei um das Gefühl, wahr- und ernstgenommen zu werden. Auch für die Kleinsten in unserer Gesellschaft macht es einen Unterschied, wer in den entscheidenden, öffentlichen Machtpositionen zu sehen ist. Denn nur, wenn Mädchen, Arbeiterkinder, Kinder von Spätaussiedlerinnen und Spätaussiedlern oder jene mit anderen Migrationsgeschichten auch Menschen in Führungspositionen sehen und kennenlernen, die einen ähnlichen Hintergrund wie sie haben, können sie diese als Vorbilder nehmen; und darauf hinarbeiten, einen ähnlichen Weg wie ihr Vorbild einzuschlagen. So war sicherlich auch Annemarie Ackermann ein wichtiges Vorbild für vertriebene und geflüchtete Frauen und Mädchen in der damaligen Zeit.

Vor allem aber war sie Sprachrohr für die Menschen und ihre Anliegen, die schon immer kaum Gehör finden. Wer in den Parlamenten und den politischen Spitzenfunktionen sitzt, entscheidet auch maßgeblich darüber, welche Anliegen betrachtet werden, welche Meinungen und Perspektiven in Entscheidungsprozesse einfließen und welche Gruppen berücksichtigt werden. Ich bin mir sicher, dass die deutsche Politik in der Nachkriegszeit, vor allem für die Aussiedlerinnen und Aussiedler und die deutschen Minderheiten, maßgeblich anders verlaufen wäre, wenn sie nicht eine so laut- und meinungsstarke Vertreterin wie Annemarie Ackermann im Bundestag gehabt hätten. Vielmehr frage ich mich auch, ob es für mich und meine Familie überhaupt möglich gewesen wäre, aus dem tiefsten Sibirien nach Deutschland zu kommen, die deutsche Staatsbürgerschaft innezuhaben und hier leben zu können, wenn es Menschen wie Annemarie Ackermann nicht gegeben hätte. Es macht einen Unterschied, wer am Tisch sitzt und mitredet.

Auch in der aktuellen Zusammensetzung des Bundestages merkt man den Unterschied – viele Parteien haben im Vorfeld der letzten Bundestagswahl jungen Menschen eine Chance zur Kandidatur gegeben, sodass man in den Gängen, in den Sitzungen und im Plenum einen deutlichen Unterschied im Vergleich zu den Vorjahren spüren kann. Themen junger Menschen spielen heute eine andere, größere Rolle als in den Legislaturperioden zuvor. Minderheiten- oder aussiedlerpolitische Themen werden auch jetzt noch viel zu oft als Nischenthemen betrachtet; jedoch gibt es heute die Funktion der Beauftragten der Bundesregierung für Aussiedlerfragen und nationale Minderheiten. Es ist nun meine Aufgabe, die Anliegen der Menschen in die Politik, die Parlamente, die Verwaltung und die Öffentlichkeit zu tragen, sie sichtbar zu machen und dafür einzustehen.

Politik für und mit den Menschen

Der beste Garant dafür, dass die Interessen von marginalisierten Gruppen im öffentlichen politischen Diskurs vertreten werden, ist es, Betroffenen ein Sprachrohr zu geben und auf Augenhöhe zu kommunizieren. Auch Annemarie Ackermann wusste das und lebte es in ihrer Wahlkreisarbeit. Die häufigen, hoch frequentierten und zeitlich ausufernden Sprechstunden sind ein Zeugnis dafür. Auch ich schätze die Termine am meisten, bei denen ich direkt mit den Menschen ins Gespräch kommen kann – sei es als Abgeordnete im Wahlkreis oder als Beauftragte in den Siedlungsgebieten der deutschen Minderheiten in Mittel- und Osteuropa oder den Staaten der ehemaligen Sowjetunion. Dort ist es mir immer wieder aufs Neue ein großes Anliegen, mit den Menschen ins Gespräch zu kommen, um ihre Anliegen, Sorgen und Nöte ungefiltert wahrzunehmen. Es sind die täglichen Begegnungen mit äußerst spannenden Persönlichkeiten, die inspirierenden Gespräche und neuen Impulse, die den Arbeitsalltag im Politikbetrieb bereichern.

Gleichzeitig sind es auch die kleinen Erfolge, wenn man als Politikerin die an einen herangetragenen Probleme löst oder den Betroffenen wichtige Hilfestellungen bietet, die diesen Job auszeichnen. Das Gefühl, das Leben der Menschen ein Stückchen besser zu machen, ist der Antrieb vieler Politikerinnen und Politiker. Arbeiten in der Politik bedeutet arbeiten mit und für Menschen.

Eine donauschwäbische Mutmacherin

Annemarie Ackermann war zu ihrer Zeit eine Exotin – und doch ist sie trotz ihrer wichtigen Arbeit für die Vertriebenen und deutschen Minderheiten in der öffentlichen Wahrnehmung kaum präsent. Umso wichtiger ist es, dass dieses Buch das ändern möchte!

Als erste Frau und erste Russlanddeutsche in dem Amt der Beauftragten der Bundesregierung für Aussiedlerfragen und nationale Minderheiten ist es mir ein besonderes Anliegen, die Sichtbarkeit von (Spät-)Aussiedler:innen sowie von Angehörigen deutscher Minderheiten in Deutschland und innerhalb der deutschen Geschichte zu stärken. Denn die Gruppe der Vertriebenen, der Aussiedler:innen und der Spätaussiedler:innen ist seit langer Zeit ein wichtiger Teil unserer Gesellschaft. Ihre Integration in die deutsche Gesellschaft ist trotz aller Widrigkeiten eine Erfolgsgeschichte. Als Brückenbauerinnen und Brückenbauer zwischen Kulturen, Gesellschaften und Staaten nehmen sie seit jeher eine vermittelnde Rolle ein und sorgen für gegenseitiges Verständnis. Nach den Schrecken des Zweiten Weltkriegs machten sich mutige Menschen auf, miteinander in den Dialog zu treten, einander zu verzeihen und sich zu versöhnen. So auch Annemarie Ackermann, die sich mit Diplomatie und Hartnäckigkeit für Familienzusammenführungen und die Befreiung von Gefangenen einsetzte.

Ich freue mich, dass mit diesem Buch einer wichtigen Vertreterin der Donaudeutschen die Aufmerksamkeit zuteil wird, die ihr zusteht – und dass damit auch die Geschichte der Vertriebenen, der deutschen Minderheiten, der (Spät-)Aussiedler und der Frauen innerhalb dieser Gruppen ein Stückchen mehr in den Fokus der deutschen Gesellschaft rückt.

Ich wünsche Ihnen viel Freude und neue Erkenntnisse beim Lesen dieser Biografie und möchte zu guter Letzt jeder und jedem empfehlen, sich mit der Geschichte der deutschen Minderheiten und mit ihr der Geschichte der Vertriebenen und (Spät-)Aussiedlerinnen und (Spät-)Aussiedler auseinanderzusetzen. Sie ist ein wichtiger Bestandteil der deutschen Geschichte und lehrt viel Nützliches über Vergangenes, aber auch über Gegenwärtiges und für die Zukunft.

Ihre
Natalie Pawlik, MdB
Beauftragte der Bundesregierung für Aussiedlerfragen
und nationale Minderheiten

Einleitende Worte der Autorin

Heimat fordern die, die andere nicht reinlassen.
(Christian Petzold)[1]

Die Idee einer Biografie über die Politikerin Annemarie Ackermann kam über Nacht. Auf einer Reise, die nach Rumänien, Ungarn und Serbien führte, lernte ich Ria Schneider kennen, Annemarie Ackermanns älteste Tochter. Das, was sie über ihre Mutter erzählte, faszinierte mich – und bereits damals wollte ich mehr über diese Frau erfahren.

Ich verdanke Ria Nachlasssplitter, schriftliche und persönliche Erinnerungen, Briefe, Zeitungsartikel und Tonbandaufnahmen. Im Anschluss an diese Reise schufen wir eine gemeinsame Auszeit, um den Nachlass ihrer Mutter zu sichten, im Sommer meist auf ihrer sich ins Grüne erstreckenden Terrasse in München, bei Espresso und Cantuccini.

An einem dieser Tage breitete sie eine weiße, mit gelben und blauen Blüten bestickte Tischdecke aus. Diese hatte ihre Mutter in Parabutsch (heute: Ratkovo, Serbien) bestickt, sie sei dort in der sogenannten Paradestube drapiert worden. Otto, der Sohn von Annemarie Ackermanns Schwester, wurde als Baby der Verwandtschaft stolz darauf präsentiert. An den Rändern war sie mittlerweile vergilbt und es wurden ein paar Flecken auf ihr sichtbar, Zeugnisse des gelebten Lebens.

Schnell wurde mir klar, dass ich ein zweites Mal nach Novi Sad und Ratkovo sowie an einige andere Orte Serbiens reisen wollte, um meine Eindrücke zu vertiefen. Auf dieser zweiten Spurensuche begleiteten mich zwei Frauen, die ebenfalls auf vergangenen Pfaden wandelten. Eine von ihnen ging den Fluchtweg ihrer Großmutter nach.

Die Route führte auch in eine alte Mühle, in der in einer Ecke noch ein Mehlsack stand. Es wurde mir bewusst, wie sehr sich die Vergangenheit in die Gegenwart hineinschiebt, ein Sinnbild dafür, wie wichtig es ist, von der Vergangenheit zu wissen, um die Gegenwart und Zukunft besser gestalten zu können.

Bei meinem Besuch auf dem Friedhof des Geburtsorts von Annemarie Ackermann stellte ich mit Erstaunen fest, mit welcher Selbstverständlichkeit sich die Natur die Grabsteine der Verstorbenen zurückholte, wie sich Wurzeln in die Friedhofskapelle gruben und schließlich eine Baumkrone das Dach abhob und ihre Äste und Blätter der Sonne entgegenstreckte. Ich empfand eine diffuse Trauer über diesen für den Menschen verlorenen Ort und die verlorene Zeit und war gleichzeitig fasziniert davon. Nicht zuletzt waren es auch diese Erlebnisse, die mich darin bestärkten, Annemarie Ackermanns Leben näher in Augenschein zu nehmen. Aber es existieren noch drei weitere Berührungspunkte, die mich mit ihr verbinden.

Es wirkt sympathisch, dass sich Annemarie Ackermanns Wirken jenseits von Ökonomie, Macht- und Herrschaftsansprüchen verorten lässt. Nur durch ihre Persönlichkeit, durch ihre Natürlichkeit und durch ihr zupackendes, an der Aufgabe orientiertes Handeln beeindruckte sie viele Menschen. Das hatte zur Folge, dass sie zu ihrer eigenen Überraschung als politisches Potenzial erkannt wurde. Was sie als Mensch nahbar und ihr politisches Wirken greifbar werden lässt.

Ein zweiter Berührungspunkt ist jener des Sich-fremd-Fühlens: ein Gefühl, das Annemarie Ackermann sehr häufig durchlebte, auch wenn sie sich mal mehr, mal weniger zugehörig zu ihrer deutschen Minderheitengruppe im Ausland fühlte. Annemarie Ackermann begab sich schließlich – bedingt durch die Wirren des Zweiten Weltkriegs – mit ihrer Familie auf eine Flucht, die sieben Jahre dauern sollte: von der Batschka in Serbien nach Landau in der Pfalz, mit

Zwischenstationen in Ungarn und mehrjährigen Lageraufenthalten in Österreich. Dort und auch in Deutschland galten sie und ihre Familie lange Zeit als Displaced Persons.

Nun hört man häufig das Argument, dass Menschen deutscher Herkunft kein Recht hätten, sich als Opfer zu bezeichnen. Die Vertreibung sei eine gerechte Strafe für die Verbrechen des Nationalsozialismus, welche man hinzunehmen habe. Der Zivilisationsbruch, der an der jüdischen Bevölkerung und vielen anderen Minderheiten begangen wurde, ist so eklatant, dass er für immer ein Alleinstellungsmerkmal haben wird. Deshalb wird es und soll es, auch in meinen Augen, keine Schlussstrichdiskussion geben. Der ehemalige Bundespräsident (und Träger des Franz-Werfel-Menschenrechtspreises 2020) Joachim Gauck hat andererseits zu Recht festgestellt, dass man Schuld durchaus nicht leugnet, wenn man individuelles Leid anerkennt. Menschliches Leid ist universal, es gehört keiner Zeit an, keiner politischen Überzeugung, keiner Utopie und keiner Ideologie, auch wenn es von diesen ausgeht und aus diesen heraus entsteht.[2]

Eine wichtige Aufgabe jeder Biografie ist es, den Spielraum der Freiheit herauszufiltern, die die biografisierte Person in jenen Situationen für sich beanspruchte, in denen der individuelle Freiheitsgrad gering zu sein schien. In Annemarie Ackermanns Leben, in dem sie drei Sprachräume durchschritt, schrieben sich das serbische Königtum, der Kommunismus, der Katholizismus, der ungarische Chauvinismus und der Nationalsozialismus ein. Und schließlich wurde sie geprägt von den Anfängen der Nachkriegsdemokratie in Deutschland und der Ära des Kalten Krieges. Annemarie Ackermann, so wird zu sehen sein, war einerseits gefangen hinter den Grenzen und in Abhängigkeiten der zahlreichen politischen Umbrüche, in denen sie sich befand. Sie schaffte es aber zunehmend, gesellschaftliche Spielräume für sich zu nutzen.

Nadežda Radović, serbische Feministin und Grünenpolitikerin, thematisierte in einem ihrer Essays, wie sie selbst so viele Jahre neben den verbliebenen Donauschwäbinnen[3] leben konnte, ohne sich zu fragen, wie lange die Schuldzuweisungen an sie noch andauern würden. Aufgrund der eigenen Kriegsschuld der späten 1990er Jahre empfanden manche Serbinnen zunehmend Sympathie für die deutsche Minderheit. Das Vorurteil der Schuldzuweisung sitze so tief, teilte sie mit, dass sie sich selbst die Frage stelle, ob es so etwas wie eine Erbsünde gebe.[4] Eine weitere, sehr aktuelle Parallele tut sich auf. Aufgrund des Krieges in der Ukraine könnte es sein, dass auch die russische Bevölkerung noch lange mit dem Stigma der Kollektivschuld leben muss. Ein verantwortungsvolles Differenzieren sowie eine sensible Aufarbeitung tut not, zumal auch die folgenden Generationen betroffen sind. Die Kriege der Väter zerstören auch ihre Kinder.

Das Verschanzen hinter der Wagenburg jener Menschen, welche dieselben raumzeitlichen Koordinaten teilen, war nicht Annemarie Ackermanns Weg. Vielleicht war das der Grund, weshalb sie später in den Heimatvereinen nie den Ruf genoss, den sie verdient hätte. Ein Jahr vor ihrem Tod erzählte Annemarie von einer Begebenheit, die sie irritierte: „Vorgestern kam der neue Donauschwabenkalender […]. Da sind jetzt alle aufgeführt, die Gedenktage von allen, die Geburtstage von denen, die jetzt noch leben, alle stehen drin, aber von einer Ackermann, da kannst suchen, die hat's nie gegeben, die hat nie gelebt und die kommt da nit vor. Die hammer auch nit gebraucht."[5] Dieses Übersehen verwundert deshalb, weil es auch ihrem Wirken als Bundestagsabgeordnete zu verdanken ist, dass die Flüchtlinge aus (Süd-)Osteuropa hierzulande eingebürgert wurden. Im Archiv des Deutschen Bundestages gibt es exakt *einen* archivierten Zeitungsartikel über sie.[6] Allein Katharina Aubele, die 2018 ein Buch über vertriebene Frauen in der Bundesrepublik Deutschland verfasste und deren Engagement im Zeitraum von 1945 bis 1970 würdigte, ging auf Annemarie Ackermann ein.

Wie konnte so etwas passieren? Liegt es daran, dass sie nicht das Spiel von Gestern spielte? Mir fällt unweigerlich Enzensbergers Schrift *Die Große Wanderung* ein, in der er Bahnreisende – ein Symbol nicht sesshafter Menschen – beschreibt, die vorgeben, die Ankunft neuer Reisender im Abteil nicht zu bemerken. Ein deutlicher Widerwille mache sich bemerkbar, zusammenzurücken, die freien Plätze zu räumen oder den Stauraum über den Sitzen zu teilen. Es ist schließlich ihr Territorium, das zur Verfügung steht.

Annemarie Ackermann war darüber hinaus mit einem weiteren Revierreflex befasst: jenem der männlichen Politiker, welche die Politik als ihr persönliches Ressort betrachteten. Und diesem ist es vermutlich geschuldet, dass ihr politisches Wirken weitgehend unbeachtet blieb. Ähnlich ist es mit dem Übersehen von Frauenbiografien generell: Die Biografik ist in ihrer Gesamtheit ein tendenziell von Männern gestaltetes Genre, die ihrerseits dazu neigen, ihre Geschlechtsgenossen zu porträtieren.

Es ist müßig, sich darüber den Kopf zu zerbrechen, ob sich Annemarie Ackermann eine Frauenquote gewünscht hätte. Ob sie sich der Hashtags *#meToo* oder *#aufschrei* bedient oder ob sie sich im Falle des Falles an die Frauenbeauftragte gewendet hätte. Es wird sich zeigen, dass die Matriarchin, die sie in ihrer Familie war, Tacheles geredet hat.

Und was ihre Benachteiligung in den Diaspora-Vereinen betrifft, so hat sie ihre Konsequenzen gezogen und ihren Vorsitz im Bundesvorstand in der Jugoslawiendeutschen Landsmannschaft so bald als möglich niedergelegt, als ihr klar wurde, dass sie als einzige Frau unter den einerseits gut vernetzten und andererseits miteinander konkurrierenden Männern kaum etwas ausrichten konnte. Darüber hinaus bewegten sich ihre Visionen in eine andere Richtung als jene ihrer männlichen Kollegen. Ihre familiäre Realität sah vor, dass sie, beginnend mit der Flucht aus Serbien, allein für ihre Familie verantwortlich war. Ihre politische Realität bestand darin, dass sie sich eigenständig in einer Männerwelt zurechtfinden musste. Mit im Gepäck hatte sie das Frauenbild der deutschen Minderheit, in dem die Berufstätigkeit der Frau noch nicht einmal angedacht war – ebenso wenig wie der öffentliche politische Diskurs.

Und vor diesem Hintergrund gibt es noch einen dritten Berührungspunkt. Annemarie Ackermann und ihre Familie wurden in Deutschland in der Nachkriegszeit nicht mit offenen Armen empfangen. Damit ereilte sie das Schicksal der 16 Millionen entwurzelten Deutschen. Nach ihrer sieben Jahre andauernden Flucht schreibt Annemarie Ackermann über ihre Ankunft in Landau/Pfalz: „Leider mochte uns keiner. Wir waren Fremde. Irgendwann habe ich dann mal gefragt: ‚Wann gehört man denn zu den Landauern dazu?' Da hat jemand gesagt: ‚Wenn du zwanzig Jahre auf dem Friedhof draußen liegst.'"[7] Als wären es die kalten Gräber, die Heimat schaffen.

Annemarie Ackermann erlebte die Ablehnung hautnah, aber sie akzeptierte sie nicht für sich, nicht für ihr Leben und nicht für ihre Familie. In dieser Hinsicht ist sie ein Vorbild, eine Protagonistin der Zuversicht. Auch Aschenputtel musste dreimal zurück in die Asche, bevor es seinen Lebensradius erweitern konnte. Viele humorvolle Anekdoten, die von Annemarie Ackermann überliefert sind, ermöglichen zudem einen Blick auf ihr Innenleben. Als sie auf ihrer Flucht ein österreichischer Zöllner am Weiterkommen gehindert und festgenommen hatte und sie als „Zigeunerin" beschimpfte, konterte sie: „Und ihr sagt's, wenn was g'habt hätt's, werd's ned weggangen von daheim. So viel wie wir g'habt ham, werdet ihr in eurem Leben nie sehen, so wie wir gelebt haben. Bei uns war nicht der Misthaufen vor der Haustür."[8]

Wie so oft wird deutlich, dass physisches Ankommen noch kein Garant für das wirkliche Ankommen ist und dass es sich fraglos um einen wechselseitigen Prozess zwischen den Hinzukommenden und der aufnehmenden Gesellschaft handelt. Dass sich aufgrund des Klimawandels in den kommenden Jahrzehnten die Hälfte der Menschheit in Bewegung setzen könnte, sei an dieser Stelle nur erwähnt. Es kann und soll auch nicht davon ablenken, dass aktuell knapp 100 Millionen Menschen von Zwangsmigration betroffen sind. Diese Zahl wird sich in den nächsten dreißig Jahren vermutlich verdoppeln. Auch der Krieg in der Ukraine verändert die Weltbühne mit unbekanntem Ausgang. Das aber heißt: Jeder und jede kann jederzeit zu einem Flüchtling werden. Und jeder und jede kann jederzeit zu einem Fremden oder zu einer Fremden werden. Und jeder und jede kann, von einer Stunde zur nächsten, alles verlieren, was er oder sie besessen hat.

Je nach der zeitlichen und konzeptionellen Schneise, die ich ins Datenmaterial schlage, ändern sich auch meine Blickwinkel und Lesarten. Das bedeutet, dass die vorliegende Biografie – trotz ihres Rückblicks – in der Gegenwart verortet ist. Gegenwärtiges schimmert immer wieder durch oder spiegelt sich im Fluss des Erzählens. Weiterhin wird sie zuweilen unterbrochen durch eine historische Systematisierung oder durch zusammenfassende Reflexionen. Das geschieht, um den gesamten Erfahrungsraum deutlich werden zu lassen, der nur vor diesem Hintergrund Brüche, Diskontinuitäten und Widersprüche aufzuzeigen in der Lage ist. Es ist auch von Bedeutung, um der Oral History, der von Zeitzeug:innen (mündlich) erzählten Geschichte, die erforderliche Validität und Tiefe zu verleihen. Da die Biografie auch in der Zeit des Nationalsozialismus und des Krieges verortet ist, muss man davon ausgehen, dass bestimmte Sachverhalte nicht erinnert werden, dass es blinde Flecken gibt oder dass die Worte manchmal einfach fehlen.

Ich vertiefe mich auch in die Protokolle jener Ausschüsse des Deutschen Bundestages, in denen Annemarie Ackermann sich eingebracht hat.

Diese Biografie ist also als ein Kaleidoskop zu verstehen, in dem sich bunte Steine an ihren Begrenzungen spiegeln. Aus einer anderen Perspektive betrachtet, sollen diese einen Blick freigeben auf neue bildliche Eindrücke, die sich an weiteren Begrenzungen erneut brechen.

Es gehört zumindest zur politischen Gegenwart, dass der Eiserne Vorhang und damit die historische Trennung zwischen West- und Osteuropa in den Köpfen der Menschen nur vorübergehend und nur scheinbar gefallen ist. Es senkt sich ein neuer Eiserner Vorhang nieder, wenngleich er weiter östlich den Boden berührt. Ich bin davon überzeugt, dass Europa erst dann wirklich Europa für alle sein wird, wenn die Züge auch in den Köpfen der Menschen ganz selbstverständlich in alle Richtungen fahren. Wenn ein Zug genauso selbstverständlich in die Lüneburger Heide fährt wie nach Schlesien, nach Novi Sad wie nach Paris, nach Madrid wie nach Timişoara. Dass in Serbien 1999 das letzte Mal Bomben fielen und viele Menschen noch persönlich vom Bombenregen berichten können, macht die Angelegenheit ebenso dringlich wie der wieder stark aufflammende Kosovo-Konflikt. Aber auch in unserer Fassungslosigkeit in Hinblick auf die belagerten und umkämpften Gebiete und Städte in der Ukraine mag der Auftrag innewohnen, gemeinsam an einem Gleichgewicht der Welt zu arbeiten, den Blick immer wieder und gerade gen Osten zu richten und Kräften, die uns in den Abgrund lotsen, zu trotzen.

So stellt diese Biografie nicht nur auf einer individuellen Ebene ein Revuepassieren eines ereignisreichen Lebens dar, sondern sie bietet sich auch als zeithistorisch akzentuierte Folie für darüber hinausreichende, aktuelle Erkenntnisinteressen an.

München, im Herbst 2023
Gudrun Hackenberg

I. Schlaglichter der Chronik

Omami, sagsch mr, was krieg ich gschenkt?
A silwernes Nixerli un a goldnes Wartaweilche.
(Rosina Eisemann)

Beginnende Unruhen

Neusatz, Novi Sad, Újvidék – es existieren mindestens drei verschiedene Namen für dieselbe, am Rande der ungarischen Tiefebene im Jahre 1748 gegründete Stadt. Kaiserin Maria Theresia bezeichnete die Siedlung, der sie auch den Status einer freien Königsstadt zuerkannte, mit dem lateinischen Namen „Neoplanta", was so viel bedeutet wie „neue Saatstelle". Sie sollte ein Beispiel dafür werden, wie verschiedene Nationen in Frieden miteinander leben können.

Die deutsche Bevölkerung lebte dort mit Ungarn, Serben, Juden, Kroaten, Rumänen, Ruthenen und Schokatzen und anderen Minderheiten Tür an Tür – bis zum Palmsonntag des Jahres 1941, als sich ein Bombenhagel über Belgrad ergoss und alles veränderte.

Hanna, die früher in Belgrad bzw. Beograd als Kindermädchen tätig war und jetzt bei den Ackermanns ihren Dienst verrichtete, reichte eines Abends, als alle im Wohnzimmer saßen, ein Foto herum. Auf ihm war ein hübscher Junge im Kleinkindalter mit glänzenden Augen zu sehen. Er sei während der Bombardierung der Hauptstadt durch eine einstürzende Hauswand zu Tode gekommen. Seine Mutter habe ihr totes Kind unaufhörlich hin und her gewiegt und darüber den Verstand verloren.

Der Bombenangriff war eine Folge einer Weisung Adolf Hitlers, in der es hieß, dass Jugoslawien so rasch wie möglich zerschlagen werden müsse.[9]

Schon zuvor hatte es Unruhen in der Stadt gegeben, sodass Annemarie Ackermann ihre Kinder an solchen Tagen im Keller des Hauses sicherer wusste. Dort saßen sie eng beieinander, im dicken Federbett des Kindermädchens, steif vor Schrecken. „Bolje rat nego pakt", grölten die Anhänger des Putschisten General Simović (1882–1962). Besser sei ein Krieg als ein Vertrag. Der harsche Wörterwirbel erreichte zwar den Verstand der älteren Kinder, darunter vorstellen konnten sie sich aber nicht wirklich etwas. „Durch Verleumdungen und üble Propaganda aufgehetzt, gab es plötzlich Freund und Feind [...]. Misstrauen und Angst wuchsen und friedliebende Menschen verschanzten sich in ihren Wohnungen, lebten von ihren Vorräten und erfuhren nur übers Telefon von dem unheimlichen Geschehen ringsum. Es war nicht ratsam, sich am Fenster oder gar auf der Straße zu zeigen"[10], erinnert sich Annemarie Ackermanns älteste Tochter. Das jugoslawische Bündnis mit den Achsenmächten war nach zwölf Tagen beendet. Die neue Regierung suchte die Nähe zu Russland und zu England. Der junge König Petar II., dessen Konterfei lange Zeit in den Klassenzimmern hing, setzte sich mit seinem Gefolge über die Grenze ab.

Der Blick aus dem Wohnhaus mit seinen drei Ebenen und den zum Garten hin gelegenen Terrassen fiel in Friedenszeiten auf einen weiten Platz, auf dem in regelmäßigen Abständen ein Zirkus gastierte, in dem die Clowns über ihre eigenen Füße stolperten. Jetzt war er aber Exerzierplatz für das ungarische Militär, da Ungarn sich an der Zerschlagung Jugoslawiens beteiligte. Ab 1943 wurde dort ein Fesselballon der deutschen Wehrmacht stationiert. Die Petrovaradin-Brücke (heutige Varadin-Brücke) wurde bereits 1941 von der jugoslawischen Armee gesprengt, um sich vor anrückenden deutschen Panzern in Sicherheit zu bringen.

Im Jahr 1999 fielen wieder drei Brücken in Novi Sad durch die „Operation Allied Force" der Zerstörung anheim, die

Varadin-Brücke war erneut betroffen, darüber hinaus die Freiheitsbrücke und schließlich die Žeželj-Brücke. Es sei nötig, so hieß es, die Brücken zu zerstören, um die humanitäre Katastrophe im Kosovo zu beenden. Mehrere Menschen starben bei diesen Bombardierungen. Die Varadin-Brücke war bereits so wackelig, dass nicht einmal mehr ein Lkw sie überqueren durfte.[11] Lange stellten die Brückenruinen und -wracks ein Hindernis für die Schifffahrt dar, erst jetzt ist wieder Zeit des Brückenbaus – „Für neue Brücken" lautete sicher nicht zuletzt auch deshalb das Motto der Europäischen Kulturhauptstadt Novi Sad im Jahre 2022.

Biografische Wurzeln

Die Vojvodina, südlicher Ausläufer der Pannonischen Tiefebene, wird von Save und Theiß durchflossen und grenzt im Norden an Ungarn. Viele Stellen an der Donau geben den Blick auf Kroatien frei. Im Westen grenzt das Land an Rumänien. Bis zum Ersten Weltkrieg gehörte die Vojvodina zum ungarischen Teil der Habsburgermonarchie und danach zum Königreich Jugoslawien. Schon immer sind in diesem Gebiet Menschen ein- und ausgewandert. In der Antike war es Heimat für Illyrer, Pannonier, Daker, Kelten und Sarmaten; erst im 6. Jahrhundert ließen sich Slawen dauerhaft nieder. Dass sich hier Angehörige der deutschen Minderheit ansiedelten, war der Migrationspolitik der Habsburger geschuldet. Sie wollten einerseits die Grenze zur Türkei befestigen, andererseits war es ihnen ein Anliegen, die Sumpflandschaft, in der sogar Reis wuchs, in eine Kulturlandschaft umzuformen.

Annemarie Ackermanns Vorfahren stammten aus Baden und als Leibeigene des Kaisers träumten sie von einem glücklichen und freien Leben. Als die Verwalter des österreichischen Hofes ihnen mitteilten, dass man ihre Arbeitskraft im Südosten Europas gut brauchen könne und dass sie dort

Privilegien erhalten würden, zögerten sie nicht lange. Auch wenn sie immer noch keine rechtmäßigen Eigentümer ihrer Äcker wären, als Untertanen könnten sie es dennoch zu etwas bringen. Ähnlich wie viele Griechen, Bulgaren, Franzosen (Lothringer und Elsässer), Italiener, Spanier und Tschechen, machten sie sich auf den Weg ins gelobte Land. Anders als die deutschen Einwanderinnen und Einwanderer entwickelten sich die Minderheiten der anderen Länder nicht als eigenständige ethnische Gruppen.[12]

Ackermanns Vorfahren sehnten sich danach, Raum und Zeit endlich selbst zu wählen und freuten sich auf einen Neuanfang. Dafür nahmen sie gern 2000 Kilometer in Kauf. Von Ulm aus schifften sie sich ein und gelangten über Regensburg, Passau und der Verteilungs- und Registrierungsstelle Wien, der „Kayserlichen Agentur", bis zu den Anlegestellen Apatin und Neusatz, dem heutigen Novi Sad. Insgesamt kam es zu drei Auswanderungswellen, den sogenannten „Schwabenzügen": Die erste fiel in die Regierungszeit Kaiser Karl VI. (1722–1726), die zweite in die Zeit der Kaiserin Maria Theresia (1763–1772) und die dritte fand unter der Regentschaft von Joseph II. (1780/1781–1786/1787) statt.[13]

In gewisser Weise war die „Ulmer Schachtel", also jenes besondere Boot, das sie von Ulm aus in die Vojvodina[14] brachte, eine Art Arche Noah: voll beladen mit dem nötigen Hausstand und bis unters Deck gefüllt mit Träumen und Hoffnungen. Die Kolonisten mussten vieles los- und zurücklassen, ganz sicher manche Freundschaften, aber auch so manche Habseligkeiten. Sie hielten sich an ihren Träumen fest, die zwischen dem unendlichen Raum und ihrer endlichen Zeit vermittelten. Fängt man neu an, kann sich vieles daraus ergeben. Sie alle boten Chancen einer vollendeten Meisterschaft des Beginnens.[15]

Ihre Sehnsucht erfüllte sich nicht sofort. Die Sümpfe, der ansteigende Grundwasserspiegel, Cholera-Epidemien und vor allem das ungewohnte Klima stellten sie vor große Herausforderungen. Etliche Kinder starben. Auch viele Mütter überlebten das Kindbett nicht. „Den Ersten der Tod, den Zweiten die Not, den Dritten das Brot“ – so fassten die Nachkommen die leidvollen Erfahrungen ihrer Vorfahren zusammen. Die Männer versahen ihre Hauswand mit dieser Erkenntnis, die Frauen stickten sie in Küchentücher und auf Kopfkissen. Es benötigte sowohl innere als auch äußere Zeit, um *wirklich* anzukommen; Zeit, um Souveränität zu gewinnen; Zeit, um Häuser zu bauen, Land zu bestellen und eine lebendige Gemeinschaft aufzubauen. Das Gemeinschaftsgefühl und die vielen Traditionen entstanden, weil sie wussten, dass sie fremd und aufeinander angewiesen waren. Auch ein freundschaftlicher Umgang mit Serben, Ungarn, Kroaten, Juden oder Roma gehörte zu ihrem Alltag. Es machte sie stolz, sich inmitten einer solchen Vielfalt zu behaupten. Und die trockengelegten Gebiete blühten schließlich zur „Kornkammer Europas“ auf.

Parabutsch/Parabuć/Paripás

Annemarie Ackermann wurde am 26. Mai 1913 in Parabutsch/Parabuć/Paripás geboren. Das Dörfchen war eine unter Kaiser Franz Josef II. gegründete sogenannte „Zusiedlung“ und wurde nicht am Reißbrett geplant. Es gibt verschiedene Angaben darüber, wann genau es entstanden ist, wahrscheinlich aber zwischen 1701 und 1705. Weil der Ort mit einer reichen Dorfflur gesegnet war, konnten sogar Bewohnerinnen und Bewohner des nahe gelegenen Dörfchens Hodschag/Odžaci/Hódság, aus dem Annemaries Urgroßvater Konrad (1795–1849) stammte, einige der vielen brachliegenden Äcker übernehmen.[16]

Annemaries Großvater Philipp Eisemann war eigentlich von Beruf Gerber. Er übte jedoch seinen Beruf nicht aus, da seine Familie vom Hanfanbau sehr gut leben konnte. Eine orthodoxe, eine katholische und eine jüdische Gemeinde existierten nebeneinander. Heute ist der Ort nach einem serbischen Nationalhelden benannt: Ratkovo.[17] Am Zaun des jüdischen Friedhofs ist eine Gedenktafel angebracht: „Zur Erinnerung an die in den Holocaust-Jahren vernichtete jüdische Gemeinde in Ratkovo." Eine europäische Gesellschaft, die jüdische Gemeinde in Serbien sowie die Bundesrepublik Deutschland zeichnen gemeinsam für dieses Projekt. Denn auch in Parabutsch gab es eine Zeit, in der der Faden der Gerechtigkeit abriss und das Wort „Heil" sich in sein Gegenteil verkehrte.[18]

Eigentlich hatte sich Annemaries Vater Jakob einen Jungen gewünscht. Es hieß, er hätte Annemarie am liebsten wieder im Kirchhof abgegeben, als er erfuhr, dass seine Gattin Mariann erneut einem Mädchen das Leben geschenkt hatte. Da Jakob sich im Ersten Weltkrieg eine Typhusinfektion zugezogen hatte, verstarb er bereits als junger Mann 1914 in Vukovar. Sein aufgrund der Epidemie sorgfältig verschlossener Sarg kam erst ein halbes Jahr später zu Hause an und stand einige Jahre in der Scheune, bevor er in die Erde hinuntergelassen wurde.

Annemarie und ihre Schwester, die im Dorf nur Anusch und Marisch gerufen wurden, verbrachten viel Zeit auf dem Hof ihrer Großeltern Rosina und Anton. Rosina war bescheiden, geduldig, fleißig und besaß die unnachahmliche Gabe, die Dinge so hinzunehmen, wie sie nun einmal waren.[19] Ob ihre einzigartige Persönlichkeit auch darin begründet lag, dass sie Mariann vermutlich nichtehelich geboren hatte, ist nicht mit Sicherheit zu sagen. Von ihrem Geburtsort Batsch zog sie nach Parabutsch. Mit Anton, einem Witwer mit zwei Söhnen, gelang ihr mit 21 Jahren ein Neuanfang. Annemarie verband auch mit ihrem „Otati" Anton viele Erinnerungen. Sie konnte ihm stundenlang dabei zusehen, wie er aufgrund eines Kehlkopfleidens dampfende Kräuter inhalierte. Aber leider vermochten es die wohlriechenden Dämpfe nicht, sein Leiden zu beenden und es kam der Tag, an dem er in der Paradestube aufgebahrt wurde – mit zwei flackernden Kerzen an seinem Kopfende.

Da füllte sich die gute Stube mit Menschen aus dem Dorf; und neben der Stube befand sich ein Kessel mit Weihwasser, in dem ein Rosmarinzweig badete. Annemarie wurde vom Ritual des Besprengens unweigerlich in den Bann gezogen: „Ich ging immer wieder hinaus auf den Gang und sooft einer durchs Türchen hineinging, ging ich mit und spritzte auch. Ich habe meinen Großvater bestimmt fünfzigmal mit Weihwasser bespritzt.“[20] Danach trug man ihn in eine Gruft, die innen getüncht war und die von außen zugemauert wurde. Erbost rief sie den Arbeitern zu: „Lasst doch offen! Macht doch auf! Mein Otati will da nicht rein!“[21] Später wich ihre Wut der Trauer darüber, dass die unbeschwerte Zeit einen Riss bekommen hatte. Da war sie gerade fünf Jahre alt, ihre Schwester sieben und ihre Großmutter Rosina achtundvierzig.

Mariann dachte darüber nach, noch einmal zu heiraten, ihr Schwiegervater Philipp bestärkte sie in diesem Wunsch. Er gestand ihr, dass für ihn allein die viele Arbeit zu beschwerlich sei. Er sei außerdem nicht mehr der Jüngste. Philipp hatte alle vier Kinder verloren und zuletzt auch seine Frau, die durch ein besonders hitziges Pferd von der Kutsche gestürzt war. Rosina fragte nicht viel, sondern packte einfach an und riss ihn dadurch aus seiner Trauer. Sie besiegelten diesen Neuanfang durch eine Ehe – am selben Tag, an dem ihre Tochter Andreas Hirschenberger ehelichte. Es kommt nicht oft vor, dass eine Mutter gemeinsam mit ihrer Tochter eine Doppelhochzeit feiert.

Nur fünf Monate nach der Hochzeitsfeier erlag Mariann den Folgen einer Fehlgeburt. Von diesem Tag an wich Rosina nicht mehr von der Seite ihrer Enkelinnen, ganz so, als würde ein einziger Augenblick der Nachlässigkeit ein weiteres Unglück heraufbeschwören. Da sie alle im Eisemann-Haus wohnten, schien die ersehnte Nähe mühelos herstellbar zu sein. Das stattliche, links neben der Dorfkirche gelegene Anwesen dehnte sich in eine Wiese mit Obstbäumen aus. Es zeigte seine Bögen und Arkaden nur den Besuchern des Hauses und streckte der Straße seine sechs blitzblanken Fenster entgegen. Auch jenseits der Trauerzeit trug Rosina schlichte und dunkle, bis zu den Knöcheln reichende, dezent gemusterte Kleider. Ihr Haar hatte sie unter einer Haube versteckt. Darüber band sie ein schwarzes Kopftuch. Sie lächelte jetzt noch weniger als früher, doch hielt sie ihr Versprechen – und spielte Domino, Mensch ärgere Dich nicht oder Mühle mit ihren Enkelinnen. Rosina ließ sogar kleine Schwindeleien zu, sodass die Geschwister bald die Freude am Schummeln verloren.

Im Gegensatz zu Rosina, die zwar selbst nie eine Tracht anlegte, sich aber aufs Herstellen derselben verstand, verhielt es sich mit der Großmutter väterlicherseits, der „Acki-Omami“, anders. Als Handwerksfrau trug sie die bäuerliche Tracht mit dem klein gefältelten Rückenteil und einer breiten Halbschürze mit einer gewissen Noblesse.[22] Sie unternahm zahlreiche Pilgerfahrten nach Rom, Padua oder Lourdes und geriet dabei unter den Einfluss des ungarischen Chauvinismus. Alsbald tat sich auch im Dorf eine Spaltung auf, die nie ganz überwunden wurde und die sich quer durch die Familien zog: jene zwischen den „Schwarzen“ und den „Kulturbündlern“.

Die Klosterschule in Batsch/Bač/Bács

Um Annemarie und ihre Schwester Maria Anna nicht allzu sehr mit der Aura der Trauer zu belasten, die sich über das Haus gelegt hatte, beschlossen Philipp und Rosina, ihre Enkelkinder, mittlerweile sieben und neun Jahre alt, im Waisenhaus der Klosterschule in Batsch/Bač/Bács unterzubringen.

Philipp trat offensiv für die Vorzüge der Bildung ein: „Was man im Kopf hat, kann man unverzollt über jede Grenze nehmen. Das bleibt und alles andere kann man verlieren."

Das jährliche Schulgeld bestand neben einem finanziellen Anteil im Entrichten von Naturalien: 5 kg Butter, 100 kg Weißmehl, 200 kg Brotmehl, 200 kg Kartoffeln, 25 kg Schmalz, 10 kg Speck, 2 Schinken, 250 Eier, 5 kg Grieß, 20 kg Zucker, 5 kg Mohn, 5 kg Honig, 10 kg Seife, 10 kg Bohnen und 10 Hühner. Annemarie und die anderen Mädchen wurden um sechs Uhr morgens mit dem Ruf „Es lebe Jesus!" geweckt. „In unseren Herzen" mussten die Kinder antworten. Auch während des Waschens und Anziehens beteten sie, meist auf Ungarisch. Danach räumten sie entweder den Schlafsaal auf oder sie deckten den Tisch. Auch wenn das Frühstück spartanisch war – es gab trockenes, in Würfel geschnittenes Brot –, durften sie um zehn Uhr in die kleine Speisekammer schlüpfen, in der die Lebensmittel von zu Hause aufbewahrt wurden. Auch nach Unterrichtsende wurde es den Kindern gestattet, ihre mitgebrachten Lebensmittel zu verzehren. „Samstags kam Otati mit frischer Wäsche, Obst, Kuchen, panierten Hähnchen, Wurst, usw., so dass wir immer zusätzlich gut zu essen hatten."[23]

Abends waren die Mädchen meist mit Handarbeiten beschäftigt. Dies blieb zeitlebens eine von Annemaries Vorlieben. An die sonntäglichen Spaziergänge erinnert sie sich weniger gern: „Wenn wir sonntagnachmittags unter Aufsicht spazieren gingen, mussten immer zwei Hand in Hand gehen und man durfte kein Wort reden. Entweder sind wir rauf in die Festung, runter ins Dorf, auf den Friedhof oder an den Fluss Mostonga gegangen. Wir mussten still durch das Dorf laufen. Wenn wir in die Festung gingen, durften wir manchmal Fangen spielen, aber sonst war der Spaziergang eine sehr triste Angelegenheit."[24]

Obwohl der Tagesablauf streng reguliert war und den Mädchen nur wenig Freiraum ließ, sei es eine Zeit gewesen, so resümierte Annemarie rückblickend, in der sie eine große Selbstständigkeit erlangt habe, auch wenn sie die Matura nicht ablegen konnte. Die Sütterlinschrift und die lateinischen Buchstaben wurden um das kyrillische Alphabet ergänzt. Das Ablegen der Reifeprüfung war für die Geschwister somit nur auf Serbisch möglich. Die Sprachen Ungarisch, Serbisch und Deutsch flossen in jener Zeit ineinander über und es gab nicht genügend Lehrkräfte, um die Kinder auf den höchsten Bildungsabschluss vorzubereiten. Die meisten Kinder im Dorf konnten Deutsch auch nur mit kyrillischen Buchstaben schreiben. Kam ein junger Mann zum Militär, schrieb er seinen Eltern mit kyrillischen Buchstaben. „Viele aus dem Bekanntenkreis und aus der Nachbarschaft kamen mit ihren Briefen zu mir", so Annemarie. „Ich las ihnen vor, und schrieb die von ihnen gewünschten Briefe in Kyrillisch an ihre Söhne."[25]

Zunächst holte der Großvater seine älteste Enkelin für ein Jahr nach Hause und dann, im Jahre 1927, auch Annemarie. Beide blieben ein Jahr im großelterlichen Anwesen, danach erhielten sie die Möglichkeit, ein Internat in Graz zu besuchen. Dort ging es weniger streng zu, und sie fanden viele Freundinnen. Außerdem konnten sie hier die Prüfungen in der ihnen vertrauten Sprache ablegen. Für die Großeltern kostete das Internat ein kleines Vermögen, schon allein deshalb, weil der jugoslawische Dinar abgewertet wurde.

Noch während der Schulzeit heiratete Annemaries Schwester Matthias Ackermann, einen angehenden Arzt aus Parabutsch, und beendete deshalb vorzeitig die Schule. Annemarie absolvierte in geschwisterlicher Solidarität einen Säuglingspflegekurs, um ihr zur Hand gehen zu können.

Das Versprechen für Otto

Im Januar 1930, als Matthias Ackermann seine Erfolgsmeldung – er hatte die Prüfung zum Dr. med. bestanden – nach

Hause depeschierte, erfuhr er von der Sturzgeburt seines Kindes. Als er zu Hause eintraf, hatte bei seiner Frau schon das Kindbettfieber eingesetzt. Maria Anna nahm ihrer Schwester, die ihre Hand hielt, als sie starb, zwei große und folgenschwere Versprechen ab: Sie solle sich ihres Säuglings annehmen. Und sie solle auch ihren Mann Matthias ehelichen. Annemarie versprach es.

Annemaries Plan, ein Jurastudium aufzunehmen, zerbrach. Immer wieder schrieb sich der Tod der anderen in ihr Leben ein. Obwohl Matthias Witwer geworden war, wurde er zum serbischen Heer eingezogen und in Dalmatien stationiert. Niemand erwartete von ihm, dass er sein Kind allein großzog.

Annemarie versorgte den Säugling gewissenhaft. Als Matthias nach Hause kam, war Otto bereits 14 Monate alt. Er konnte sogar schon erste Worte sprechen. „Otto war ein reizendes Kind und immer fröhlich. Sein Spielkamerad war Nero, der große Wolfshund. Dieser bewachte ihn schon als Säugling. Keiner durfte sich dem Kinderwagen nähern. Als sein Vater nach seiner Militärzeit […] nach Hause kam, beschlossen wir zu heiraten, damit das Kind nicht ‚Tante', sondern ‚Mutter' zu mir sagt",[26] berichtete sie schnörkellos. Als Annemarie heiratete, war sie 18 Jahre alt, Matthias zehn Jahre älter. Während Maria Anna und Matthias ein ausladendes, drei Tage währendes Hochzeitsfest mit 200 Gästen gefeiert hatten, wählten Annemarie und Matthias einen bescheidenen Rahmen. Die tragischen Umstände der Feier geboten immer noch ein Innehalten.

Neben Matthias Ackermann gab es noch zwei weitere Ärzte im Dorf, einen Gemeindearzt und einen Privatarzt mit dem Namen Szegedi: „Er war auch Taufpate von Otto und mein Mann war der dritte Arzt in einer Gemeinde von 4500 Einwohnern. Natürlich gab es damals keine Krankenkasse. Also nur Privatpatienten. Wir hatten ein großes Umfeld, noch drei andere Gemeinden. Eine serbische, das war Pivnice, eine slowakische, das war Selentsche und eine serbische namens Parage. Dorther kamen viele Patienten. In diesen Gemeinden gab es keine Ärzte."[27] Viele Frauen aus den slowakischen und serbischen Dörfern kamen in seine Praxis, um Abtreibungen vornehmen zu lassen. Da er seine Frau im Kindbett verloren hatte, vermochte er nicht, diese Bitten zu erfüllen.

Ein weiteres Erlebnis prägte ihn so, dass er beschloss, niemals die Hand an ungeborenes Leben zu legen: Resi, die Tochter seines Schulfreundes, hatte versehentlich Schwefelsäure, die sie für Milch hielt, getrunken. Die Schatten dieser Erlebnisse – auch dieses Kind starb in seinen Händen – ließen sich auf seinem Gemüt nieder: „Wozu habe ich ein Ärztediplom, wozu bin ich Arzt, wenn ich doch nicht helfen kann?" Er entschied sich dafür, noch einmal Zahnmedizin zu studieren, um weniger existenziellen Situationen ausgesetzt zu sein. Annemarie begleitete ihn an seinen Studienort nach Graz. Das Versprechen für Otto übertrug sie Rosina. Am 19. August 1932 kam schließlich die erste Tochter zur Welt: Ria. Sie erhielt den Taufnamen ihrer Schwester, Maria Anna.

Annemarie Ackermann zeigte im Umgang mit Handarbeiten weiterhin großes Geschick, sie erfand eigene Muster und hatte ein feines Empfinden für Farben, die sie wortakribisch benannte. Farben riefen unterschiedliche Empfindungen hervor, über die man nicht einfach hinwegsehen dürfe, behauptete sie. Schon die Bezeichnung „rot" sei ungenau. Man müsse schon sagen, ob ein Stoff kardinalrot, blutrot, feuerrot, rubinrot, karminrot, ziegelrot, rostrot, reseda oder fuchsiafarben sei. Es bestehe auch ein großer Unterschied zwischen einem zitronengelben und einem maisgelben Tuch. Auch das Vergissmeinnicht-Blau unterscheide sich erheblich von enzian- oder veilchenblau, ganz abgesehen von taubenblau.[28] Unscharfe Worthülsen, die dieses oder jenes bedeuten konnten, verwendete sie selten. „Bei den geselligen Anlässen […] kamen noch andere Talente […] zutage, sei es singen, Verse schmieden, parodieren, zeichnen und malen“, so ihre älteste Tochter. „Sie hatte eine enorme Rede- und Sprachbegabung, war schlagfertig und blitzschnell beim Kapieren von Zusammenhängen.“[29]

Als Philipp Eisemann im Jahr 1932 verstarb, wurde das Eisemann'sche Haus verkauft, der Feldbesitz verpachtet. Annemarie, Matthias, ihre Kinder Otto und Ria, und Rosina zogen nach Novi Sad, in die zweitgrößte Stadt Serbiens.

Das gute Leben in Neusatz/Novi Sad/Újvidék

Die feudalste Adresse der Stadt war das Hotel Kraljica Marija (Königin Maria) schräg gegenüber der Stadtpfarrkirche „Maria Namen“. Annemarie und Matthias pflegten freitagabends dort zum Fischessen einzukehren. Tagsüber konnte man hinter den dicken Tüllgardinen das maskuline Palaver ausmachen – wie überall auf dem Balkan üblich.

Zunächst hieß das Hotel Carica Jelisaveta (Kaiserin Elisabeth) und wurde erst im Anschluss daran nach Ihrer Majestät Königin Marija von Jugoslawien (1900–1961) benannt. Heute heißt das Hotel schlicht Hotel Vojvodina. Zahlreiche Gemälde von Königin Marija zieren den Eingangsbereich und erinnern stilvoll an vergangene Zeiten.

Zeitenwenden spiegeln sich auch in der Schreibweise von Namen wider. Während es sich das eine Mal um eine Nachlässigkeit gehandelt haben mag, war es ein anderes Mal eine besondere Form der nationalen Beflissenheit. Im Matrikelamt der Stadt Novi Sad wurde Matthias Ackermann als Matija Akerman geführt. Annemarie war vor ihrer Eheschließung als Ana Ajzeman registriert. Als die Ungarn die Batschka besetzten, wurde der Name Becker zu Beker, Johann zu János, Martin zu Márton, Franz zu Ferentz usw.[30] Aber auch

Grenzen, Straßennamen, Regeln des täglichen Lebens – alles war einem steten Wandel unterworfen.

In den 1930er Jahren boten serbische Schuhputzer ihre Dienste in der Innenstadt an. Auch wenn es ihnen durchaus gelang, die Schuhe auf Hochglanz zu polieren, nahmen die Donauschwaben diese Dienste selten in Anspruch. Sogar einen Besuch im Kaffeehaus versagten sie sich meist. Eine Ausnahme war die Konditorei Dornstädter am Rathausplatz, deren Krempita und Dobostorte niemand – außer Annemarie – widerstehen konnte. Sie zog es eher zu „Jaki, Lasi und Schramm", einem Stoffgeschäft, in dem drei jüdische Schwestern mit edlen Stoffen aufwarteten. Die Werkstatt des Schusters lag im Herzen des Habag-Hauses, dem kulturellen Zentrum der deutschen Minderheit. In einem der Räume roch es ganz besonders nach Leder und Schusterleim. Ria und ihr Bruder durften zuschauen, wie der Schuster das weiche Oberleder über einen Leisten spannte und mit kleinen Holznägeln befestigte. Fragte man ihn, wann die Schuhe fertig sein würden, antwortete er meist geschäftig: „Eire Schuh sein erscht morche fertich."[31]

Der Aufenthalt im Donaupark mit seinen 750 Bäumen, in dem sich nicht nur ein Musikpavillon, sondern auch ein Teich mit Springbrunnen und sehr viele Parkbänke befinden, war damals nicht kostenfrei. „Komm ner, mir gehen wieder", sagte Rosina dann zu Otto und Ria und zog sie an der Hand, wenn der Parkwächter sich näherte, um abzukassieren, wenn sie auf einer der Bänke ein wenig ausruhen wollten. Heute kann man sich kostenlos auf den Parkbänken ausstrecken, Popcorn essen und dem Springbrunnen dabei zusehen, wie er seine Wasserfontänen in die Luft schleudert.

Matthias Ackermann eröffnete in einem gegenüber der katholischen Kirche 1936 erbauten Prachtbau in der Stadtmitte, dem Tanurdžić palata, seine Zahnarztpraxis. Zu ihm kamen auch Landsleute aus den umliegenden Dörfern. Er sei ein sehr angenehmer, freundlicher und schöner Mann gewesen, erinnert sich eine ehemalige Patientin, die schon bald mit zwei Goldkronen versorgt zurück in ihr Dorf fuhr.

Während heute eine Spielhölle im Parterre untergebracht ist, befanden sich damals hier zwei Kinos, mehrere elegante Läden sowie ein Reisebüro. Zwei angrenzende Räume dienten der Familie als Wohnung, bis das eigene Haus mit Donaublick fertiggestellt war. Der fünfjährige Otto und die dreijährige Ria kurvten munter auf einer Terrasse im Innenhof mit ihren Dreirädern herum. Ein befreundeter Architekt entwarf das Familienhaus in der Nähe der Pannonia, dem architektonisch einem Donauschiff nachempfundenen Regierungsgebäude. Dort konnten die Kinder im eigenen Garten spielen. Die Omami Rosina zog ins oberste Stockwerk in ein nussbaumholzmöbliertes Zimmer. Selten ging sie aus dem Haus, meist verschwand sie hinter einem bis zur Decke ragenden Webstuhl. Während sie diesen mit Baumwolle oder auch Seide bespannte, folgte sie den Gedankenmustern ihrer Vergangenheit, die einen ganz eigenen Rhythmus besaßen und die sie in die Hebungen und Senkungen des Webstuhls übersetzte. Dabei unterwarf sie sich dem Geschmack und den farblichen Vorlieben Annemaries.

Der rechteckige Tisch im Wohnzimmer bot Platz für acht Personen. Matthias und Rosina nahmen an den Stirnseiten Platz. Im Sommer zog es die kleine Gesellschaft nach draußen. Es gab auch eine Ecke, die für erzieherische Maßnahmen freigehalten wurde: „Dahinein musste man sich stellen, wenn man eine Strafe erhalten hatte und durfte erst wieder hervortreten, wenn man sich dazu überwinden konnte, eine Entschuldigung und ein Bekenntnis zur Besserung über die Lippen zu bringen.“[32]

Herbert wurde schließlich 1936 geboren und das Nesthäkchen Friedl 1940. Ihr Laufstall befand sich in der Mitte des Raumes. Fragten die beiden älteren Kinder: „Omami, sagsch mr, was krieg ich gschenkt?" – „A silwernes Nixerli un a goldnes Wartaweilche", war ihre enttäuschende Antwort. Auf der anderen Seite gab es aber auch diese Vernarrtheit in die Kinder, die vor allem von den Männern gepflegt wurde. Matthias scherzte ausgelassen mit „mei Buwili" oder „mei Madeli" oder freute sich über ihre „Guckerscheckerli", ihre Sommersprossen.

Einer privaten Initiative in Neusatz war es zu verdanken, dass schließlich ein Kindergarten eröffnet wurde, der sich an den Erkenntnissen des Reformpädagogen Friedrich Fröbel aus Thüringen orientierte. Dieser verglich das Kind mit einer Pflanze, die gehegt und umsorgt werden müsse, und prägte den Begriff „Kindergarten". Ria erinnert sich an ein reiches Repertoire an Spielliedern, Versen und Fingerspielen und berichtete davon, wie sie und auch ihr Bruder Otto sich zum Basteln hinreißen ließen, obwohl sie es sonst gar nicht mochten. Vieles von dem, was der Reformpädagoge hervorhob, verwirklichte auch die Omami – vermutlich ohne seinen Namen jemals gehört zu haben. Weniger relevant wären für Fröbel jene Fächer gewesen, die sie sich später in der Bürgerschule aneignen mussten: Betragen, Schönschreiben, Ordnungsliebe und „Honvédelmi ismeretek" (Wehrkunde) für die Jungen sowie paramilitärische Übungen.

Darüber hinaus erhielten Ria und Otto Ballettunterricht; Annemarie setzte sich kurzerhand über vorherrschende Rollenvorstellungen hinweg, indem sie ihrem Sohn diese Ausbildung ermöglichte. Die Unterrichtsräume befanden sich unweit der Synagoge. Die Ballettmeisterin war jüdischer Herkunft, der Pianist ungarischer. Plaudern konnten die Kinder untereinander kaum, der Unterricht erforderte Disziplin. Den Bring- und Holdienst übernahm Rosina. Später kam für Ria noch Klavierunterricht hinzu, zunächst privat, später am städtischen Konservatorium, in dessen Konzertsaal sie aufgrund ihres Lampenfiebers viele bange Stunden zubrachte.

Ganz im Gegensatz zur hervorragenden frühpädagogischen und musischen Ausbildung stand die schulische. Die älteren Kinder besuchten zunächst eine serbische Schule mit deutschen Klassen. In die Klassenzimmer gelangte man von der Straße aus. An der Wand hing zu Beginn das Konterfei von König Petar II. Ab der zweiten Klasse lernten die Kinder die kyrillische Schrift. Mit Ausnahme der Tatsache, dass sie zunächst die serbische Hymne und später die ungarische lernten (beide Hymnen beginnen übrigens mit dem Wort „Gott"), gab es keinen Gesangs- oder Musikunterricht, auch keinen Geschichtsunterricht. Geografie und das Zeichnen von Landkarten ersetzten ihn.

Nachdem 1941 in Serbien die mit den deutschen Truppen verbündeten ungarischen Truppen einmarschierten, wurden die serbischen Lehrer entlassen. Ein Foto des ungarischen Admirals und Reichsverwesers Miklós Horthy prangte ab diesem Zeitpunkt an der Wand. Von einen Tag auf den anderen mussten die Kinder ungarische Hymnen und Freiheitslieder singen und sich die Landkarte des tausendjährigen Königreichs Ungarn einprägen. Sie lernten die Namen der berühmten ungarischen Könige sowie jene der heldenhaften Anführer, wie zum Beispiel „Attila". Novi Sad hieß jetzt Újvidék. Deutsche Lieder wurden erstmals gesungen, nachdem die „Deutsche Bürgerschule"[33] gegründet worden war. Der Lehrplan wurde allerdings – der ungarischen Besatzung wegen – vom ungarischen Unterrichtsministerium vorgegeben. Bei der Erziehung zu Volkstreue und Vaterglaube wurden sie auch mit den germanischen Götter- und Heldensagen vertraut gemacht.

Dass die heute noch geltende Fröbel-Pädagogik durch den zunehmenden Einfluss des Nationalsozialismus, für den das gehorsame und disziplinierte Kind im Fokus stand, konterkariert wurde, ergibt sich von selbst. Aber auch das sportlich ertüchtigte Kind wurde in der „Deutschen Bürgerschule" zu einem idealen Bildungsziel. Als es schließlich die Hoch- und Weitspringnoten waren, die zum Vorrücken in die nächste Klasse berechtigten, kamen viele aus dem Kopfschütteln nicht mehr heraus. Die Schulung des Verstandes spielte kaum noch eine Rolle und wurde untermauert durch die frühkindliche NS-Pädagogik von Johanna Haarer (1900–1988). Sie war der Ansicht, dass ein eng geschnürtes Korsett aus Beschämungen, Bestrafungen und disziplinarischen Anforderungen das Beste für die Entwicklung des Kindes sei. Man dürfe das Kind auf keinen Fall verweichlichen. Schon Säuglinge und Kleinkinder müsse man schreien lassen, das kräftige ihre Lunge.

Bei Otto zeichneten sich zunehmend Lernschwierigkeiten ab, denen man sich weder in der Schule noch zu Hause gewachsen sah. Er widersetzte sich jeder Indoktrination. Es machte ihm auch nichts aus, durch Ungehorsam aufzufallen. Der Lehrer empfahl Annemarie und ihrem Mann, den Jungen in ein von Johannes Trüper (1855–1921) gegründetes Internat nach Jena zu schicken. Trüper, einer der Mitbegründer der Heilpädagogik, ging im Gegensatz zu vielen anderen Pädagogen jener Zeit, nicht von einer charakterlich-moralischen Minderwertigkeit des Kindes aus und nahm vorwiegend körperlich und seelisch belastete Kinder auf. Dabei kümmerten sich nicht nur Erzieher und Lehrer um die Kinder, sondern auch Krankenschwestern und Ärzte.

Eines Tages war es so weit, und für Otto wurden riesige Koffer gepackt. Jedes einzelne Kleidungsstück wurde mit einem Monogramm versehen. Auch wenn er es genoss, für kurze Zeit im Mittelpunkt der Familie zu stehen, konnte er seinem Aufenthalt in Jena wenig abgewinnen. Denn in der Zeit des Nationalsozialismus musste sich auch dieses Konzept an das neue politische System anpassen, um nicht aufzufallen. In Jena eignete sich Otto die sächsische Umgangssprache an. Als er 1943 aufgrund der unruhigen Zeiten wieder nach Hause kam, wurde er von den Geschwistern mit großen Augen angesehen. Kaum einer verstand Sächsisch. Es kam zu einer immer größeren Entfremdung zwischen ihm und seinen Geschwistern. Auch das Kindermädchen hatte eine ganze Palette an Strafen für ihn parat, wenn er eines seiner Geschwister, allen voran den kleinen Herbert, piesackte.

Seine Schwester bedauert, dass es kaum gemeinsame Spiele oder unbeschwerte Momente mit Otto gab. „Wir sind zwei Jahre auseinander, doch ich kann mich an gemeinsame Spiele oder fröhliche Erlebnisse nicht erinnern. Mir sind nur solche Momente in Erinnerung geblieben, wo ich mich fremd oder verlassen fühlte, zum Beispiel im Sommer 1936 in einem Kindererholungsheim auf der Stolzalpe in Österreich, oder im Jahr danach in einem Kinderheim in Krain."[34] Es sei ihr aber ein tröstlicher Gedanke gewesen, dass ihr Bruder zumindest in der Nähe war.

Bevor Hanna die Familie unterstützte, beaufsichtigte eine junge Frau namens Elis die Kinder. Sie war ursprünglich als Unterstützung für die Zahnarztpraxis eingestellt worden. Aufgrund der Anmut des Mädchens, dessen Wirkung auf ihren Mann Annemarie nicht recht einzuschätzen wusste, bevorzugte sie es, selbst den weißen Kittel anzuziehen. Immer wieder waren es Kindermädchen, die einen Platz zwischen ihr und den Kindern einnahmen und die sie auch gewähren ließ.

Familie Ackermann war sowohl aufklärerischen als auch gegenaufklärerischen Impulsen ausgesetzt. Auch wenn die Fröbel-Pädagogik und ebenso die moderne Heilpädagogik (mit einigen Abstrichen bei Trüper) als solide pädagogische Positionen bezeichnet werden können, wirkte die nationalsozialistische Erziehungsideologie, die sich einer archaischen Gefühlsmechanik bediente, diesen Ansätzen von Grund auf entgegen. Das Angebot an Schulfächern erweiterte Annemarie Ackermann für ihre Kinder selbstständig, vor allem im Bereich der musischen Bildung.

Eine Waschfrau und eine Zugehfrau unterstützten die Familie an den Wasch- und Bügeltagen. Um die Kohlebügeleisen einsatzfähig zu machen, wurde der Kupferkessel am frühen Morgen mit abgenagten Kukuruzputzen (Maiskolbenputzen) beheizt. Da es auch aus der Zahnarztpraxis viel zu waschen gab, die weißen Kittel und die „Umhängetiechl", war die Waschküche meist in Dampfschwaden eingehüllt. Die Wäsche wurde gekocht, gespült und anschließend „geplewelt", also gebläut, gestärkt und schließlich mit großem Kraftaufwand auf den Dachboden gezerrt und dort zum Trocknen aufgehängt. Ein weiterer „Großkampftag" war dem Einkochen der Paradeiser (Tomaten) gewidmet. Das Einkochen war Sache der Erwachsenen, auch wenn die Kinder gern mitgeholfen hätten.

Auch die Nanni Basl, eine Tante, ging der Familie zur Hand. Sie brachte meist Lebzelten, reich verzierte Lebkuchen, mit. Der Beruf des Lebzelters war einer der wenigen Berufe, die nur dem Herzen und keiner wirtschaftlichen Notwendigkeit diente. Der Lebzelter stellte neben dem Gebäck auch Puppen und Schlappen für die Mädchen oder „Hutscher" (Pferdchen) für die Buben her. Nanni weißte auch den Keller, war zuständig für die Herstellung des Sauerkrauts und wusste, wie man feinste Teigwaren zubereitet. Auch beim Geflügelschlachten war sie sehr routiniert.

Von dem Zeitpunkt an, als sich die Personalsituation entspannte, widmete sich Annemarie zunehmend ihren eigenen Interessen. Sie ging gern in die Leihbücherei und in die Buchhandlung von Herrn Sonnecker. Sobald sie dort vorbeischaute, bekam sie die Neuerscheinungen vorgelegt und ein bisschen Klatsch und Tratsch dazu. Sie wurde Mitglied der Büchergilde Gutenberg und bezog Nachschlagewerke und Lexika.

Annemaries älteste Tochter hatte sich in die *Pucki- und Nesthäkchen*-Bände verliebt. Die Heldinnen dieser Mädchenromane waren „artig", passten sich an und wurden gewissenhaft auf ein Leben als Hausfrau und Mutter vorbereitet. „Ich habe Sorgen um dich, Pucki. Was soll aus dir werden, wenn der Puck in dir weiterwächst?", fragt der Verlobte Pucki in einem der Bände. Pucki verspricht ihrem Gatten, an sich zu arbeiten, sodass ihr Gatte schlussendlich Güte walten lassen kann. Und natürlich sollte keine kleine verstörte Leserin zurückbleiben. Obwohl das Nesthäkchen, die zweite der literarischen Protagonistinnen, die in jener Zeit en vogue waren, einen höheren Bildungsabschluss absolviert hatte, bricht sie ihr Medizinstudium ab, um für ihre Familie da zu sein. Nesthäkchens Schöpferin Else Ury, eine in Auschwitz zu Tode gekommene jüdische Schriftstellerin, trug ähnlich wie Magda Trott zu einem, aus heutiger Sicht, problematischen Frauen- und Mädchenbild bei und spielte damit dem nationalsozialistischen Familien- und Frauenbild unfreiwillig in die Hände.

Bei Julius Meinl kaufte Annemarie Datteln, Feigen und andere Südfrüchte. Und einmal im Jahr, zum Nikolaustag, purpurrote Äpfel, die sorgfältig poliert in die Einkaufstasche wanderten. Trotz oder vielleicht sogar wegen der großen Annehmlichkeiten, die der mittlerweile durchaus wohlhabende Haushalt ganz offensichtlich bot, begann die Großmutter zu verbittern. Das war sicher nicht zuletzt Hannas Regiment geschuldet. Schließlich entschloss sich Rosina, erneut zu heiraten, nämlich den Witwer Valentin Drach. Ab diesem Zeitpunkt war Parabutsch wieder ihr Lebensmittelpunkt. Dort lebten sie bescheiden, ohne Badezimmer und Zentralheizung. Zwei Räume waren ihr Eigen, eine Wohnküche und eine Schlafstube. Da sie keinen Schrank besaßen, hingen ein paar Kleidungsstücke an einem Kleiderrechen an der Wand.

Bis zu diesem Zeitpunkt, an dem die Donau zu einem unüberbrückbaren Grenzfluss wurde, unternahmen Annemarie und Matthias Ackermann zahlreiche Ausfahrten mit ihrem Borgward Hansa: nach Südtirol, an den Gardasee, auf den

Großglockner, nach Wien, Berlin und Leipzig und an viele Orte mehr.[35]

Annemarie war die erste Frau in Neusatz, die einen Führerschein beantragte. Nach einem gewissen Hin und Her, nachdem auf dem Wege des behördlichen Debattierens keine Einigung erzielt werden konnte („nur Männer erhalten den Führerschein"), wanderten einige Geldscheine über den Tisch und besiegelten die Fahrerlaubnis. Als passionierte Selbstfahrerin saß sie schließlich weit häufiger am Steuer als ihr Mann, der sich gern fahren ließ. Das Auto ermöglichte Annemarie einen unabhängigen Lebensstil, den sie sehr schätzte. Sie fuhr auch allein in den Urlaub, zum Beispiel zum Baden nach Dubrovnik. Die Leidenschaft für repräsentative und schnelle Autos behielt sie zeitlebens. Ihr Neffe Stefan erinnert sich noch sehr gut an einen Tag in den Siebzigern, an dem sie mit einem Ford 20 M-TS Coupé zum Flughafen fuhr. „Seitdem habe ich das Auto in meinem Kopf. Ich habe zu Hause ein Modell davon, weil ich das so toll finde. Ich kann mich noch an alle ihre Autos erinnern."[36]

Von ihren Reisen brachte sie ihren Kindern viele Geschenke mit. Einmal war ein kleines, batteriebetriebenes Heimkino dabei, auf dem man Zeichentrickfilme ansehen konnte. Es gab originalgetreue Bausätze diverser Rennautos. Die Kinder konnten auch ihr eigenes Haus in Kleinstformat bauen. Der Bausatz enthielt alle erforderlichen Bestandteile: Backsteine, Mörtel, Dachaufbau und Dachziegel. Auch einen Märklin-Baukasten gab es. „Trotz allen diesen schönen Sachen", erinnert sich Ria, „habe ich mich als Kind oft gelangweilt, weil mir Spielkameraden gefehlt haben. Es hieß immer nur: Ihr seid genug hier! Niemals hat ein fremdes Kind unser Haus betreten und auf die Straße durfte man auf keinen Fall."[37] Auch als die Kinder später aus Sicherheitsgründen zurück nach Parabutsch gebracht wurden, blieben sie unter sich. Sie kamen nur dann mit anderen Kindern zusammen, wenn man sich an den Wochenenden traf oder sich in den Ferien mit anderen Familien zum gemeinsamen Wandern oder Rodeln verabredete. Das war selten genug, denn die Deutschen waren bekannt dafür, so emsig zu arbeiten, als würden sie für immer leben, erinnern sich viele Serben.[38] Meist hätten sie auch so viel gebetet, als würden sie morgen sterben. Aber das habe sich mittlerweile gelegt.

Familie Ackermann leistete sich – mit mehreren Familien aus dem Bekanntenkreis – ein Ferienhäuschen oberhalb der kleinen Stadt Kamenica in der Fruška Gora, dem nahegelegenen kleinen Gebirgszug südlich von Novi Sad, in dem im Sommer die Temperaturen erträglicher waren. Bereits im Jahre 1938 verbrachten die Kinder dort das erste Mal ihre Sommerferien. Das Häuschen hatte einen Schlafraum unter dem spitzgiebeligen Dach und eine Holzveranda davor. Im Garten wuchsen Apfel-, Birn- und Zwetschgenbäume. Strom gab es keinen, dafür aber Petroleumlampen. Trinkwasser musste erst aus einer Quelle geschöpft werden. Man schlief in rot-weiß-karierter Bettwäsche, so, wie man es fast überall auf dem Land tat.

Als die Donau 1941 zur Staatsgrenze wurde, befand sich das kleine Paradies plötzlich außerhalb des Landes. Ab diesem Zeitpunkt blieb auch das Auto in der Garage. Spaziergänge gingen nur noch „an die Bruck und zruck". Während die Kinder flache Donaukiesel über das Wasser hüpfen ließen, blieb ihr Blick immer wieder an der Festung Petrovaradin hängen. Und man folgte den Befehlen der ungarischen Besatzung. Ria erinnert sich: „Wir lernten, gute Bürger Ungarns zu sein und übten uns im Marschieren. Es war die Zeit der Aufmärsche, der Appelle und der Militärparaden gekommen, an denen wir teilnehmen mussten. Das endgültige Aus für beschauliche Spaziergänge. Auf den Boulevards trappelten nun die Pferde mit ihren Uniformträgern daher, Panzer schepperten vorbei. Wir Kinder standen stramm in Reih und Glied und glotzten gelangweilt vor uns hin."[39]

II. Aus Freunden werden Feinde

Die Abspaltung des Fremden
führt zur Verklärung der eigenen Geschichte.
(Thomas Casagrande)[40]

Verordnete Stereotype

Eines Tages lud Frau Goldstein[41], die Untermieterin der Ackermanns, die Kinder Otto, Ria und Herbert wieder zum Essen ein. Bei ihr schmeckte es immer ein bisschen anders. Es gab dort selbstgemachte Limonade, die meist hastig getrunken wurde. „Nicht so gierig, es gibt ja noch genug davon", lächelte sie. Diesmal erklärte Frau Goldstein mit ernstem Gesicht, sei es ein Abschiedsessen, da sie zusammenpacken und verreisen würde. „Wohin wirst du reisen?", wollten die Kinder wissen. Ohne eine Antwort zu geben, servierte sie ein Gericht mit Gemüse und Reis, sehr pikant abgeschmeckt, ohne Fleisch. Am nächsten Tag war Frau Goldstein weg. In dieser Zeit machte die damals zehnjährige Ria eine tragische Beobachtung: „Ich habe zufällig mit angesehen, wie unser jüdischer Nachbar, ein stiller, alter Herr, sich von seinem Balkon hinunter zu Tode gestürzt hat."[42]

Die Eisblumen auf dem Fenster, die in den frühen Morgenstunden blühten, bekamen von der Großrazzia im Januar 1942 nichts mit. Die ungarischen Besatzer unter General Ferenc Feketehalmy-Czeydner trieben über zwölftausend jüdische, serbische und Roma-Mitbürgerinnen und -Mitbürger auf die zugefrorene Donau hinaus. Dort wurden sie erschossen und fanden ihr Grab im Fluss, als es zu tauen begann. Die Bevölkerung wurde angehalten, sich drei Tage nicht auf die Straße zu begeben. Dass sich die Menschen mitten in einem Krieg befanden, wurde allen spätestens jetzt bewusst – auch den Kindern.

Eigentlich war das von Pappeln gesäumte, sich über fünf Kilometer erstreckende Strandbad das schönste entlang der Donau. Man konnte es im Sommer mit einer kleinen Bahn von der Innenstadt aus bequem erreichen. Manche behaupteten sogar, es sei das schönste Flussbad weltweit. In jenem Sommer unternahmen die Ackermanns keine Besuche ins Strandbad mehr. Der grau-blaue Nebel der Januar-Erinnerung schwebte über dem Wasser. Und in den seichteren Donauarmen kamen immer wieder leblose Körper zum Vorschein. Wenn sie sich in der Nähe der Donau aufhielten, verboten sich die Kinder das Scherzen. Von einem Tag auf den anderen war ihre Kindheit und das damit verbundene Gefühl, dass die Zeit sich ins Unendliche ausdehnen würde, vorbei.

Die deutsche Wehrmacht hatte die deutsche Minderheit nicht als „aktiven Faktor" in den Feldzug eingeplant. Sie sollte sich verstecken, hieß es. Dennoch leisteten etwa 70 Prozent der Deutschen der jugoslawischen Generalmobilisierung Folge, was deren Loyalität zu Jugoslawien bezeugte.[43]

Zunehmend wurde die eigene Kultur, die ohne eine Aufnahme des Fremden gar nicht hätte entstehen können, zum Abgrenzungsmerkmal der sie umgebenden Kultur. Der dynamische Kulturbegriff wurde durch einen statischen ersetzt.

Auch der Philosoph Johann Gottlieb Fichte hob die Deutschen unter den anderen Völkern als ein besonderes hervor. Und die Zeile aus Geibels[44] Gedicht, dass am deutschen Wesen die Welt genesen werde, war allen geläufig. Dass die neuen Tugenden sich an leblosen Materialien orientierten, war allerdings etwas, das nicht allen behagte. Auch an den paramilitärischen Übungen hatten die meisten keine Freude. Dennoch sangen viele Anhänger des donauschwäbischen Jungvolks: „Wir werden weitermarschieren, wenn alles in Scherben fällt, denn heute gehört uns Deutschland und morgen die ganze Welt."[45] Dass der tapfere, in Drachenblut badende Siegfried wegen eines Lindenblattes zwischen den Schulterblättern verwundbar war, hatten sie übersehen.

Es schlich sich eine neue soziale Ordnung ein, die eine Grenze errichtete zwischen dem, was als „normal" und dem, was als „nicht normal", also als abweichend, pathologisch, unakzeptabel und nicht dazugehörend galt. Diese Norm tickte wie eine Uhr, an der man die neue Zeit ablas. Die neuen „Normalen" schlossen sich eng zusammen, kein Lufthauch konnte sie mehr erreichen. Dass diese neuen Normen sich nicht an Werten orientierten, die für alle Völker galten, sondern nur für das deutsche, fiel den meisten nicht auf.

Adam Berenz aus Apatin, der Herausgeber der Zeitschrift *Die Donau,* machte auf diesen feinen Unterschied aufmerksam. Die einen hatten eine Zukunft, den anderen wurde sie verwehrt, gab er zu bedenken. Wie könne das unter einer christlichen Perspektive gerechtfertigt werden? Die Vermutung lag nahe, dass es sich um eine neuheidnische Weltanschauung handle. Es gab auch viele kirchliche Organisationen, die sich dem Nationalsozialismus entgegenstellten und entsprechend formierten[46], doch kam es zu immer mehr Übergriffen auf Kritiker. Auch Pfarrer, die sich aus Gewissensgründen nicht freiwillig zur Waffen-SS meldeten, wurden mit Ziegelsteinen beworfen oder ihr Pfarrhaus wurde mit beleidigenden Sprüchen beschmiert. Schließlich wurde neben zahlreichen anderen Publikationen auch die Zeitschrift *Die Donau* verboten.

Ungefähr 2000 ethnisch Deutsche schlossen sich Partisanengruppierungen an, eine der Gruppen wurde in Slawonien gegründet und nach Ernst Thälmann benannt[47], von 1925 bis 1933 Vorsitzender der Kommunistischen Partei Deutschlands. Manche unterstützten diese Gruppierungen, ohne sich selbst aktiv anzuschließen, mit Medikamenten und Nahrungsmitteln oder indem sie Verstecke bereithielten.

Ehemalige Lehrerinnen und Lehrer der Bürgerschule in Neusatz blickten in ihrem Jahresbericht, den sie dreißig Jahre später verfassten, ernüchtert zurück: „Wir haben gelacht. Wir haben uns heiser geschrien. Wir waren jung und groß. Wir haben uns gut gefühlt. Wir haben gewiss imponiert. Manchmal im Herzen der Stadt Újvidék, Novi Sad, Neusatz, hat uns ein Hauch von Angst erfasst. Die feindliche Umwelt. Die stumme Kulisse der anderen, der Serben, Madjaren, Juden. Nichts, wir haben nichts begriffen."[48] Es war immer die Menschlichkeit einzelner Menschen, die das verordnete Schwarz-Weiß-Denken konterkarierte. Als die Ungarn in Neusatz einmarschierten, wurden viele Schutz suchende Serbinnen und Serben im Habag-Kulturzentrum versteckt. Es gab auch viele Serben, bei denen jüdische Mitbürgerinnen und -bürger unterkommen konnten und deshalb überlebten. Und es gab viele andere Taten der Humanität. Sie waren am Ende aber nicht wirksam genug, um das Unheil aufzuhalten oder auch nur wirksam zu lindern.

Die Volksdeutsche Mittelstelle

Als junges Mädchen und als jung verheiratete Frau ging Annemarie in den Bauernverein und lehrte den Bauern den sogenannten „Társaskör", einen ungarischen Geselligkeitstanz. Sie las ihnen aus Adam Müller-Guttenbrunns und Nikolaus Lenaus Gedichten ebenso vor wie einzelne Abschnitte aus der Ansiedlungsgeschichte. Es war ein absolutes Novum, „dass ein weibliches Wesen in den Kreis der Männer ging und vorlas oder Gedichte rezitierte".[49]

Annemaries Engagement war nicht in einem engeren Sinne politisch geprägt. Es war für Frauen nicht einmal möglich, ihre Stimme bei der Wahl abzugeben. Abgesehen von der schwierigen politischen Situation war es auch in der donauschwäbischen Gesellschaft nicht erwünscht, dass sich Frauen in die politischen Diskurse der Männer einmischten, geschweige denn Stellung zu bestimmten Themen bezogen.

Den serbischen Frauen, welche die rechtliche, wirtschaftliche und gesellschaftliche Gleichberechtigung erst 1946 erhielten, ging es keineswegs besser.

Sowohl Annemarie Ackermann als auch ihr Mann engagierten sich zunächst in dem von Peter Freund und einer Klosterschwester namens Therese geleiteten Kammerchor als auch in einer Laienspielgruppe. Im Habag-Haus[50] wurde Kinderfasching gefeiert, es wurden Märchen aufgeführt oder Filme gezeigt. In den Büroräumen der oberen Stockwerke arbeiteten viele Freunde und Bekannte, und Annemarie nutzte diese Gelegenheit meist nicht nur für ein belangloses Schwätzchen, sondern auch für einen Gedankenaustausch über gesellschaftliche Themen, die ihre Kinder weniger interessierten und dazu veranlassten, weiter im Haus umherzustreifen.

Heute ist die nationale Eisenbahngesellschaft Serbiens (Železnice Srbije) dort untergebracht, direkt neben dem Habag-Haus befindet sich der serbische Kulturverein, die Matica srpska.

Die gesellschaftliche Stimmung wurde Anfang der 1940er Jahre zunehmend radikaler. Abgesehen davon, dass die deutschen und ungarischen Besatzer immer mehr Einfluss ausübten, waren viele Menschen auch mit den bestehenden politischen und wirtschaftlichen Verhältnissen unzufrieden.[51] Die Themen Kultur, Identität und Macht boten darüber hinaus Einfallstore für Ausgrenzungen. Davon war auch der Kulturverein der deutschen Minderheit betroffen, der von einer kleinen Gruppe donauschwäbischer Akademiker 1920 gegründet worden war. Zu den Gründern gehörten Stefan Kraft (1884–1959) und Georg Grassl (1865–1948). Erst später, als die sogenannten „Erneuerer“ sich in parasitärer Art und Weise des Vereins bemächtigten, glitt der Verein in eine Richtung ab, die von den Gründern nie intendiert worden war.

Interessant ist, dass sowohl der serbische als auch der deutsche Kulturverein und vergleichbare jüdische Einrichtungen einander kaum beachteten. Die jüdische Bevölkerung befand sich seit dem Vertrag von Trianon ohnehin in einer sehr schwierigen Situation. Dadurch, dass sie ihr zweites Vaterland Ungarn verlor, wurde sie zu einer Doppeldiaspora gezwungen. Diese Verunsicherung ließ sie zum Teil im Kommunismus, aber auch im Zionismus nach Antworten suchen. Jene, die sich in den alten Regimen sozialisiert hatten, blieben meist Juden und Jüdinnen mit ungarischem Bewusstsein. Erst die Jüngeren, die in der Zwischenkriegszeit aufwuchsen, fühlten sich jugoslawisch.[52] In vielen Dörfern der Batschka, auch in Parabutsch, fühlten sich die deutschsprachigen Juden ebenso deutsch wie alle anderen, auch wenn sie eher nebeneinander her als miteinander lebten. Ähnlich verhielt es sich in Novi Sad. Aber auch hier gab es tendenziell ein höfliches Miteinander: „Unsere christlichen und jüdischen Kaufleute haben zusammen marchandiert, discontiert, diniert, soupiert, smoliert, sie haben sich sogar spousiert, aber niemals miteinander getanzt: Ist das nicht höchst merkwürdig?“[53]

Geschäftsleute wollten miteinander ins Geschäft kommen und orientierten sich nicht an der Herkunft des Gegenübers. Auch innerhalb der Reihen der deutschen Minderheit wurde beflissen nach innen differenziert. Es existierte kein Gasthaus, das von allen Milieus gleichermaßen besucht werden konnte; so gab es Gasthäuser für die sogenannten „Herrischen“[54], für die Bauern und für die Handwerker. Man kehrte nur in jenem ein, welches dem eigenen Stand entsprach.

Der Schwäbisch-Deutsche Kulturbund wurde vor zahlreiche Zerreißproben gestellt: von der Gründung und der erstmaligen Genehmigung hin zu Verboten und mehr oder weniger inoffiziellen Genehmigungen. König Alexander I. verbot ihn 1929, später war es dann wieder möglich, mit schulischen Angeboten tätig zu sein. Das Ziel des Vereins bestand darin, Minderheitenrechte im Sinne einer kulturellen Autonomie durchzusetzen. Zu den Maßnahmen, die seinen Bestand immer wieder von außen gefährdeten, kamen zunehmend Spaltungen hinzu, die den Verein von innen bedrohten. Denn die von Deutschland aus gesteuerten „Erneuerer", welche mit ihrer Selbstbezeichnung ihre wahren Absichten nicht nur vernebelten, bekämpften den Verein, allen voran den eloquenten und diplomatischen Gründer.[55] Sie kritisierten Stefan Kraft auch für seine Kooperation mit der Regierungspartei. Seine Antwort fiel kurz aus: Er schloss die „Erneuerer" aus dem Kulturbund aus. Zusätzlich verbot er ihre Unterorganisationen, mit denen sie versuchten, sich „von unten" ein von langer Hand geplantes propagandistisches Gehör zu verschaffen.[56]

Der letzten Zerreißprobe sollte der Kulturbund aber nicht mehr gewachsen sein. Die kulturelle Ähnlichkeit verschaffte den vermeintlichen „Erneuerern" unbeabsichtigte Anschlussstellen. Die Führungsriege der radikalen Opposition, zu der Josef („Sepp") Janko, Adam Krämer und Josef Trischler gehörten, forderten „frischen Wind". Das führte 1935 zum „Sturm auf das Habag-Haus", bei dem die ausgeschlossenen „Erneuerer" in eine Versammlung eindrangen.[57]

Stefan Kraft war an dieser Volkstumspolitik nicht interessiert und widersetzte sich daher den Anordnungen der Volksdeutschen Mittelstelle (VoMi), einer Behörde des Deutschen Reiches, welche die Ziele in Bezug auf die Volksdeutschen koordinierte. Dort forderte man seinen Rücktritt. Er solle durch eine Person ersetzt werden, die dem Anschein nach gemäßigt, dem Nationalsozialismus aber ergeben sei. Diese Person fand man in Josef („Sepp") Janko, der ab 1939, also wenige Monate vor Ausbruch des Zweiten Weltkriegs, Bundesobmann des Schwäbisch-Deutschen Kulturbundes wurde. Janko konnte gut rechnen, deshalb wollte er der weniger wohlhabenden Bevölkerung, die meist auch zahlenmäßig stärker vertreten war, zu mehr Ansehen verhelfen. „Wir glaubten, eine Wende unter anderem dadurch herbeiführen zu können, dass wir bei unseren örtlichen Veranstaltungen die bis dahin übliche

Trennung zwischen ‚herrischen' und ‚bäuerischen' Zusammenkünften aufgaben und die gesamte Dorfbevölkerung einluden."[58] Darüber hinaus sollten nicht nur die wohlhabenden Bauern Mitglied im Kulturbund werden können, sondern alle Menschen deutscher Herkunft. Außerdem kritisierte er, dass die reichen Bauern von den ärmeren verlangen würden, ein oder zwei Joch des gepachteten Feldes umsonst zu bewirtschaften.[59] Wer sich weigere, würde sein Feld verlieren. Dieses erhalte dann ein Rumäne, Ungar, Slowake oder Kroate, der auf diese Bedingungen nur dem Schein nach einging. In Wahrheit würden sie sich des Nachts mit den Früchten des Feldes versorgen, so Janko, und auf diese Weise ihren niedrigeren Lohn ausgleichen. Man müsse dafür sorgen, dass weniger wohlhabende Bauern nicht aus- oder zurückwanderten. „Hinzu kam, dass die billig gedungenen fremdvölkischen Knechte und Mägde allmählich untereinander heirateten und im Ort blieben. Fremde Hälftlerbauern fingen an, sich in rein deutschen Gemeinden niederzulassen. Die Unterwanderung hatte begonnen."[60] In Jankos Augen müsse um jeden einzelnen Deutschen, manchmal mit einem gewissen moralischen Druck, gerungen werden.[61] Man müsse die Erkenntnis wachrufen, dass Deutschsein eine Aufgabe sei.

Vielen gefiel es, dass alle, unabhängig vom jeweiligen Besitz, nun zusammengehören sollten. Aufgrund dieser neuen Devise konnten sich auch einfachere Gemüter nach oben gehorchen und es plötzlich „zu etwas bringen". Es gab Männer, die vorher als Knechte gearbeitet hatten und die ihre ehemaligen Herren, die dem Nationalsozialismus kritisch gegenüberstanden, mit einer gewissen Genugtuung malträtierten. „Die neue, gleiche Gesinnung soll sich auch äußerlich zeigen", so Sepp Janko. Eine Einheitstracht sei nötig, ein Anzug für Männer und eine ebenso einheitliche Tracht für die Frauen und Mädchen.[62] Das Gemeinschaftsgefühl, das man pflegte, entstand aus der Gewissheit, in einem fremden Land aufeinander angewiesen zu sein. Es vertiefte sich im gemeinsamen Kampf um die Minderheitenrechte. Damit waren Tür und Tor für eine Verknüpfung zwischen dem Deutschsein und dem Nationalismus geöffnet. Indem Janko später seine eigenen Leute in mehrere Rubriken (von „volkspolitisch zuverlässig" bis „absolut unzuverlässig, asozial") unterteilte, untergrub er seine eigene Überlegenheitstheorie.[63] Es gab also viele unterschiedliche Facetten, die mehr oder weniger schleichend dazu führten, dass die Marionetten des Deutschen Reiches ihren Einfluss ausweiten konnten. Alles verlief auf leisen Sohlen. Durch diese problematische Situation spalteten sich die Deutschen in zwei Lager. Eine geschlossene Minderheitenpolitik war nicht mehr möglich.

Wenige Tage vor Beginn des Krieges, im März 1941, stellte Sepp Janko alle Tätigkeiten des Schwäbisch-Deutschen Kulturbundes ein. Die Nachfolgeorganisation nannte er „Deutsche Volksgruppe im Banat und Serbien". Auch dieser stand er vor. Diese Unterwanderungspolitik wurde in sämtlichen Organisationen und Vereinen praktiziert. Sogar die Abteilungen des Deutschen Roten Kreuzes wurden aufgehoben. Später wurde die Arbeit in diesen Einrichtungen aber meist wieder aufgenommen.

Viele Volksdeutsche profitierten zunächst von der neuen wirtschaftlich und politisch privilegierten Stellung. Sie dienten sowohl freiwillig als auch unter Zwang in NS-Militärformationen. Der Volksbund wurde umstrukturiert und alle bedeutenderen sozialen Schichten entsprechenden Formationen zugeordnet. Es erfolgte eine Gleichsetzung von nationalsozialistisch und volksdeutsch – mit verheerenden Folgen. Die Jugend formierte sich in der Deutschen Jugend, die Frauen in der Frauenschaft, auch die Bauern, Handwerker und Ärzte bildeten eigene Fachschaften.[64] Ob Annemarie Ackermann vor diesem Hintergrund blindlings in die Frauenschaft hineingerutscht ist oder ob sie deren Ideale, zumindest zum

Teil, bewusst mittrug, kann nicht mehr rekonstruiert werden. Man kann davon ausgehen, dass es Mitglieder der Frauenschaft gab, die überzeugte Nationalsozialistinnen waren, andere waren Mitläuferinnen oder sogar Opfer. Ob Annemarie Ackermann die Tragweite der Unterwanderung des Kulturbundes richtig eingeschätzt hat, kann aus heutiger Sicht bezweifelt werden. Es waren die Frauen, welche die Hauptlast des Krieges trugen. Nachdem die jüngeren Männer rekrutiert worden waren, mussten die Bäuerinnen ihre Ernte abliefern, um die ungarischen und deutschen Militäreinheiten zu versorgen. In der Stadt, so auch in Novi Sad, waren viele ärmere Familien auf Unterstützung angewiesen, wenn sie sich nicht selbst versorgen konnten. Die Frauenschaft betätigte sich auch in diesem Bereich.[65]

Die Entwicklung des Schwäbisch-Deutschen Kulturbundes zeigt, dass sowohl das Machtstreben auf der einen und das denkerische Schlafwandlertum auf der anderen Seite eine ungünstige Dynamik annahmen. Die meisten der verordneten Diskriminierungen wurden mitgetragen, weil der Aufschrei der Empörung fehlte. Das Denkmuster des Antisemitismus griff immer weiter um sich. Ähnlich verhielt es sich mit dem Antiziganismus und dem Antislawismus.

Immer wieder wurde auch die Gretchenfrage diskutiert, ob man gleichzeitig Christ und Mitglied im Kulturbund sein könne. Zu jenem Zeitpunkt war den wenigsten bekannt, dass die Nationalsozialisten der gesamten Kirche drohten, sie zu vernichten, da es nur noch eine Religion geben dürfe, nämlich jene des Blutes.

Stefan Kraft, der vom Kulturbund schließlich ausgeschlossen wurde, wurde nach dem Krieg eine der führenden Persönlichkeiten der organisierten Diaspora. Als Annemarie Ackermann 1953 in den Bundestag gewählt wurde, pflegte sie einen engen Austausch mit ihm und ließ sich – bis zu seinem Tode 1959 – politisch von ihm beraten.[66]

Verbrechen der Wehrmacht

Achttausend jüdische Frauen und Kinder wurden 1941 von der deutschen Besatzung ins Konzentrationslager Sajmište (späteres Anhaltelager Semlin) nahe Belgrad gebracht. Später wurden auch Zwangsarbeiter darin untergebracht, die in einem Kupfer-Bergwerk eingesetzt wurden, außerdem serbische Zivilisten, Partisanen und Roma mit ihren Kindern. Viele Baracken dieses Lagers stehen heute leer, einige sind zerfallen. Manche wurden sogar in Restaurants umfunktioniert. Wahrscheinlich denkt niemand mehr daran, wenn er dort Kaffee trinkt oder eine Kleinigkeit isst.[67]

Die sogenannten „Osteuropaforscher" der NS-Zeit vertraten die These, dass die deutschen den slawischen Völkern überlegen seien. Und sie behaupteten, dass Geschichte nicht von Staatsmännern geschrieben werde, sondern von Völkern. Nicht Staat und Nation seien daher federführend, sondern Raum und Volk – und später dann Lebensraum und Rasse. Die deutsche Okkupationspolitik wurde auf diese Weise bis ins Detail pseudowissenschaftlich untermauert. Der deutsche Diktator musste nur noch daran anknüpfen und forderte in der Konsequenz einen Lebensraum für seinen deutschen „Volkskörper", den die „Wissenschaftler" bereits im Osten Europas sahen. Damit der Volkskörper genug Platz habe, um den Daseinskampf zu gewinnen. Dass das Darwin'sche „Survival of the Fittest" sich nicht auf den Stärksten, sondern auf jenen bezog, der sich am besten anpassen konnte, verkam zur Randnotiz, die niemand las.

Die Synergien des Bösen finden anscheinend mühelos zueinander und entstehen aus nichts anderem als aus dem Begehren nach Macht. Sie haben keine Antennen für das Leiden der anderen.[68] Hannah Arendt war es, die das Böse nicht als radikal, sondern als banal bezeichnete und damit für einige Verwirrung sorgte. Als Journalistin verfolgte sie das juristische Verfahren gegen Adolf Eichmann in Jerusalem, der für den millionenfachen Mord an der jüdischen Bevölkerung verantwortlich war. In seiner Einfältigkeit, so Hannah Arendt, wirkte er geradezu bürgerlich spießig. Offensichtlich kommt das Grauen nicht nur in einem Kleid des Schreckens daher, sondern kann auch in einem Kleidchen der Pflichterfüllung adrett zurechtgemacht werden. Wer aber nicht denkt und folglich keinen stummen Dialog mit sich führt, sei einem Schlafwandler gleichzusetzen.[69] Und ein Schlafwandler wird, wenn er die Augen nicht rechtzeitig öffnet, aus der Höhe herabstürzen. In ähnlicher Weise beschrieb auch Franz Kafka den Opportunismus. Ein Kapitän wurde von einem dunklen, hochgewachsenen Mann zur Seite geschoben. Als er seine Kameraden zur Hilfe rief, nickten sie zwar, aber Blicke hatten sie nur für den Fremden. „Was ist das für ein Volk! Denken sie auch oder schlurfen sie nur sinnlos über die Erde?"[70]

Damit beschrieben Arendt und Kafka den alltäglichen Untergang der Zivilisation, der auch bald Novi Sad erreicht hatte. Während die Batschka und die Baranya im Frühjahr 1941 von Ungarn besetzt wurden, standen Serbien und das Westbanat unter deutscher Besatzung. In der Batschka grenzte man sich von den von der Wehrmacht besetzten Gebieten zunächst ab. Man pflegte seine eigene Identität – da man aber auch den Einfluss der ungarischen Besatzer, die eine Assimilierungspolitik verfolgten, nicht schätzte, öffnete man sich zunehmend auch Einflüssen von außen.

Bereits im Juli 1941 kam man darin überein, dass die deutsche Minderheit sich im benachbarten Banat selbst verwalten sollte. Orte, die einen Anteil von über zwanzig Prozent Bevölkerung deutscher Herkunft aufwiesen, erhielten einen deutschen Bürgermeister und Polizeimeister. Deutsch wurde als Amtssprache zugelassen. Diese Entwicklung hatte jedoch ihre Schattenseiten, da sie eine Herauslösung aus dem serbischen Gefüge bedeutete. Die Volksgruppenführung wurde somit ein ausführendes Organ der Besatzer, welche sogar die Zwangsarbeit der Serben im eigenen Land organisierte. In Großbetschkerek, der Stadt mit den meisten Juden, wurde die Synagoge im April 1941 abgerissen, der Friedhof zerstört. Die jüdischen Frauen und Kinder aus dem KZ Sajmište fanden 1942 den Tod.[71]

Im südlichen Banat, in Pantschowa, wurden von einer paramilitärischen Einsatztruppe sechzig Juden und Serben erschossen. Ursachen waren meist sogenannte „Sühnemaßnahmen" einzelner Anschläge auf die deutsche Wehrmacht. Insgesamt starben dabei 25 000 Menschen.

„Der besagte Befehl wurde wortgetreu und widerspruchslos ausgeführt. Es wurden nicht nur die serbischen Juden, sondern auch die Juden des ‚Kladovo-Transportes' von der Wehrmacht liquidiert. […] Die österreichischen, Berliner und Danziger Juden dieses Flüchtlingstransportes waren bereits im Juni 1941 – also noch vor Ausbruch des Partisanenaufstandes – von den deutschen Organen in Šabac interniert worden und konnten daher nicht das Geringste mit dem Partisanenaufstand zu tun haben."[72]

Wie kann es sein, dass die Soldaten auf derartige Befehle so widerspruchslos reagierten? Und warum sprachen die Soldaten nicht untereinander über das, was ihnen zugemutet wurde? Der österreichische Wissenschaftler Walter Manoschek ging 1990 in einem Gespräch mit A. A., einem Gefreiten der Wehrmacht, dieser Frage nach:

> *„W. M.: Ich bin nicht so naiv, zu denken, dass es […] einen Protest gegeben hätte, aber zumindest eine Diskussion untereinander … ?*
>
> A. A.: Schauen Sie, ein jeder will überleben. Und jeder war froh, dass er bei dieser Einheit ist. Also das muss man hier auch einmal aussprechen.
>
> *W. M.: Also besser in Serbien als in Russland?*

A. A.: Das war ja fast eine Lebensversicherung. Und da wollte man auch nicht riskieren, dass man dann plötzlich irgendwo bei der Infanterie landet – in Russland, bei einer Strafkompanie vielleicht.
W. M.: Das Hemd war einem näher als der Rock?
A.A.: Ganz sicher.“[73]

Darüber hinaus hatte sie der gemeinsame Feind in einer Art Komplizenschaft miteinander verbunden. Im August 1942 hieß es bereits: „Judenfrage, ebenso wie die Zigeunerfrage völlig liquidiert. Serbien einziges Land, in dem Judenfrage und Zigeunerfrage gelöst.“[74]

Nicht nur Juden, Roma und Serben mit Kontakten zu Widerstandsgruppen wurden von den Besatzern verfolgt, sondern auch Lehrer, Priester und Studenten. Alle, von denen man annahm, sie seien des selbstständigen Denkens mächtig.[75] Was die Wehrmacht darüber hinaus in Kraljevo, in Kragujevac und in Krupanj vielen tausenden Männern und Frauen angetan hatte und wie viele dort ihr Leben gelassen hatten, damit befasste man sich erst später. Auch erst später sollte man erfahren, dass unter den 2300 Opfern der „Sühnemaßnahme“ in Kragujevac minderjährige Gymnasiasten waren. Erst zu Beginn des Sommers, einige Wochen nach der Besatzung durch die Wehrmacht, rief die kommunistische Partei zum bewaffneten Widerstand auf. Parallel zu den Partisanen agierten die Tschetniks.[76] Die Kampfkraft des Zweckbündnisses der Partisanen- und Tschetnikverbände erreichte im Oktober 1941 ihren Höhepunkt, sodass General Böhme sich genötigt sah, einen Rückzug in einigen Gebieten anzuordnen.

Viele Kinder aus Deutschland wurden während der Kriegshandlungen im Rahmen der „Kinderlandverschickung“ ab 1940 in andere Länder gebracht. Bei den Ackermanns fand die kleine Gerda aus Hamburg ein Quartier; als die Lage vor Ort ebenfalls immer ungemütlicher wurde, nahm sie aber bald wieder den Zug zurück nach Deutschland. Viele Kinder sahen gegen Ende des Krieges weder ihren gefallenen Vater noch ihre in den Kriegswirren verlorene Mutter je wieder. Familie Ackermann sandte Gerda später noch viele Essenspakete – im Unterschied zu Deutschland war in der Batschka nur das Benzin, nicht aber das Essen rationiert.

Zunehmend wurde auch die Lage in Novi Sad immer unsicherer. Das Haus der Ackermanns befand sich direkt neben dem Regierungsgebäude, der Bánovia.

Aus diesem Grund schickte Annemarie ihre Kinder in ihr Heimatdorf Parabutsch. Die älteste Tochter war zwölf, Herbert sieben und die kleine Friedl mittlerweile drei Jahre alt. Otto wurde im benachbarten Futok (heute Futog) auf der landwirtschaftlichen Schule untergebracht. Da das Elternhaus bereits verkauft worden war, mietete sie ein Haus in der Hauptgasse. Dort beschäftigten sich die Kinder in der Obhut des Kindermädchens mit den Schulbüchern. Das Haus von Omami Rosina, die ja ebenfalls wieder im Dorf lebte, stand in unmittelbarer Nachbarschaft.

Nachdem Matthias Ackermann bereits im serbischen Heer gedient hatte, musste er jetzt in der ungarischen Armee an der Karpatenfront seiner Wehrpflicht nachkommen. Seiner Tochter kam es zu, ihrem Vater wöchentlich Briefe zu schreiben. Für sie war das nicht einfach, da es vieles gab, was nicht berichtet werden durfte. Immer häufiger überfielen die Partisanen die Bauern, die auf das Feld hinausfuhren, manchmal zündeten sie die Ernte an. So beließ es Ria dabei, über die Schweine im Stall zu schreiben, dass sie frech waren und gut gediehen. Einen positiven Effekt hatte der Aufenthalt der Kinder in Parabutsch aber doch, denn tagtäglich hörten sie das Parbuter Schwowisch. Die Eltern sprachen zwar untereinander diesen Dialekt, nicht aber mit den Kindern; tatsächlich war es eine Mundart, die die Kinder gern hörten. Und so spitzten sie neugierig die Ohren, wenn sie zum „Bäck“

gingen, oder in die „Fleischbank“, um Grammeln zu kaufen, zum „Lebzelter“ oder zum „Schuschter un Patschkermacher“[77]. Niemand hatte aber so recht Zeit, sich um sie zu kümmern, denn es war Erntezeit. Die Leute hatten andere Sorgen, allerorten war die deutsche Wehrmacht stationiert. Die Soldaten zogen in die Paradestuben der wohlhabenden Bauern ein und ließen es sich wohlergehen. Und der Krieg tobte an allen Fronten. Am 7. Oktober 1944 war die Flucht unausweichlich.

Auch jene Deutschen, die mit den Partisanen kollaborierten oder sich – wie der katholische Pfarrer Adam Berenz – der Propaganda entzogen, wurden der Komplizenschaft mit den nationalsozialistischen Besatzern verdächtigt. Für die Partisanen gab es keine unverdächtigen Personen deutscher Herkunft mehr. Während die Familie Ackermann das Land verließ, wurden jene, die verblieben, enteignet, entrechtet und in Internierungslager getrieben – nach Jarek/Backi Jarak, Gakowa/Gakovo und Kruschiwl/Kruševlje in der Batschka, nach Rudolfsgnad/Knićanin, Molidorf/Molin und Werschetz/Vršac im Banat oder nach Syrmisch-Mitrowitz/Sremska Mitrovica in Syrmien. Die Lager in Slawonien befanden sich in Kerndia/Krndija und Walpach/Valpovo. Es gab auch in Slowenien zwei weitere Lager. Ab Sommer 1945 lebte die gesamte verbliebene jugoslawiendeutsche Bevölkerung in Lagern. Die Mutter der Witwe von Matthias’ Bruder, jene führte bei den Ackermanns den Haushalt, starb 63-jährig in Gakowa an Hunger. In den Lagern fanden zwischen 1945 und 1948 – als der Krieg bereits vorbei war – 60 000 Angehörige der deutschen Minderheit den Tod.[78] Manche wurden auch nach Russland in Arbeitslager gebracht, immer wieder wurden neue Räume der Gewalt und der Vergeltung geschaffen.

Es gab drei Arten von Lagern. In Orten mit 200 bis 300 Menschen wurden ab Herbst 1944 Arbeitslager für landwirtschaftliche und industrielle Arbeiten eingerichtet. Die zweite Art von Lagern waren die „Zentralen Zivillager“ (Centralni civilni logor) – von dort aus wurden Arbeitskräfte in die regionalen Arbeitslager oder in Lazarette geschickt. Die „Lager mit Sonderstatus", die dritte Lager-Art, waren die Vernichtungslager.[79] In diesen Hungerlagern wurden vulnerable Bevölkerungsgruppen untergebracht: Alte, Kranke, Kinder sowie Mütter mit Kleinkindern.[80] In einigen Fällen nahm man die Kinder auch den Großeltern weg und schaffte sie in Kinderheime. Jene, die dort überlebten und ihren Namen noch nicht oder nicht mehr wussten, wurden bei serbischen Familien untergebracht und auf diese Weise assimiliert. „We had been considered as non-human and dealt with as less than animals, animals to abuse and destroy at the whim of others. At the whim at Marshall Tito's Partisaners. The guards had been told they could do with us what they wanted."[81] Jene, die der Folter unterlagen, konnten nirgends mehr heimisch werden – weder an ihrem Geburtsort noch irgendwo anders.

Die ehemaligen Wohnhäuser wurden häufig zu Depots umfunktioniert: In einem Haus lagerten Kleider, in einem anderen Nahrungsmittel, in einem dritten Möbel und so weiter. Jene, die einen Weingarten besaßen, wurden gezwungen, in ihrem eigenen Garten Sklavenarbeit zu verrichten.[82] Die Geburts-, Tauf-, Heirats- und Sterbeurkunden wurden verbrannt – ebenso wie Kruzifixe und Madonnen.

Aber auch das gab es: Serben und Serbinnen voller Mitgefühl, die am Lagerrand wohnend, sich nicht an die verordnete Feindschaft hielten und den herumstreunenden Kindern Essen zusteckten. In Jarek/Backi Jarak, in einem der Gefangenenareale in der Batschka, starben ungefähr 6000 Menschen, die der deutschen Minderheit angehörten. Im Flur des Bürgermeisterhauses ist heute eine Gedenktafel angebracht. Auf ihr ist zu lesen, dass in Jarek bis 1944 Deutsche wohnten, nicht vermerkt ist, dass dort von 1944 bis 1946 ein Arbeits- oder Hungerlager existierte. Die fehlenden Jahre, die es bis dato nicht ins Bürgermeisteramt und wahrscheinlich auch nicht ins Bewusstsein der Bürgerinnen und Bürger Jareks geschafft haben, wurden auf einem Gedenkstein angeführt, der ein paar hundert Meter außerhalb des Ortes steht. Heute findet dort in der Nähe wöchentlich ein kleiner Markt statt. An einem der vielen Stände kann man neben Lebkuchen auch Spielzeug-Maschinengewehre kaufen, von denen es Dutzende in verschiedenen Ausführungen gibt, militärische Tarnanzüge sind auch dabei.

Als Hitler besiegt worden war, feierten Truman, Churchill und de Gaulle gemeinsam mit Stalin ihren Sieg. Sie warfen keinen Blick mehr auf die noch bis Ende 1948 bestehenden Arbeits- und Hungerlager in Jugoslawien. Aber auch jene, die zu späteren Zeiten ihre Erlebnisse in den Lagern aufarbeiten wollten, hatten meist kein Glück. Die meisten Psychologinnen und Psychologen gingen den Berichten von den Schrecken des Lagerlebens aus dem Weg. Ebenso wie manch andere, die es nicht aushielten, wenn sie in ein Antlitz blickten, das vom Unglück gezeichnet war.

III. Etappenreicher Weg ins Ungewisse

Ös Zigeiner, ös Herglaufene.
Wann's was ghabt hätt's,
wärd's ned daher kemma.
(Einödhofbauer)

Mit dem Planwagen unterwegs

Die meisten Menschen im Dorf dachten, dass die Kämpfe nicht lange andauern würden. Man würde sich hinter die Donau zurückziehen, bis die Gefechte vor Ort vorbei wären. Dann würde man zurückkehren.

Auf der Straße unterhielt man sich darüber, wie man es während dieser Zeit mit seinen Habseligkeiten handhaben solle. Der eine Bauer war der Ansicht, man könne für diese kurze Zeit die Ernte unbeaufsichtigt in der Scheune lassen, der andere war genau gegenteiliger Meinung. Und man überlegte, wie man es mit den Tieren halten und wer sie versorgen sollte. Es blieb nicht viel Zeit, um diese Dinge zu regeln. Andere glaubten, dass eine Flucht als Schuldbekenntnis ausgelegt werden und den Verlust der Staatsbürgerschaft und ihres Eigentums nach sich ziehen könnte. Deshalb entschlossen sie sich, zu bleiben und bemühten sich darum, sich nicht von der Panik anstecken zu lassen.

Nahrung für Mensch und Tier, so riet man den Flüchtenden, sollten für drei Tage mitgeführt werden. Die Ackermanns teilten sich in zwei Gruppen auf. Die eine bestand aus Matthias und dem vierzehnjährigen Otto, der aus Futok heimgekehrt war, die andere aus den Frauen und Kindern: Annemarie, dem Kindermädchen Hanna, Ria, Herbert und der kleinen Friedl. Die Teppiche wurden sorgsam zusammengerollt unter die Ehebetten geschoben, rückblickend ein eher überflüssiges Unterfangen. Otto kam die Aufgabe zu, Familienfotos zusammenzupacken. Da er auf keinen Fall seine Sammelbildchen zu Hause lassen wollte, ließ er die meisten Familienfotos in den Alben stecken. Er und sein Vater verließen den Hof zuletzt, da sie sich noch um die Tiere zu kümmern hatten.

Frauen und Kinder nahmen Platz auf einem von zwei Pferden gezogenen Planwagen. „In Gottes Namen", seufzte Annemarie, als sie die Zügel des Pferdegespanns in ihre Hände nahm. Neben ihr saß Hanna mit Friedl auf dem Schoß. Sie lenkte den schwer beladenen Planwagen zum großen Hoftor hinaus in die dunkle Nacht hinein. Dort hatten sich bereits zahlreiche Wagen versammelt, standen dicht an dicht, im Dunklen konnten sie nur deren Silhouetten erkennen. Es war nicht klar, wer die Flucht organisiert hatte und ob sie überhaupt irgendjemand organisiert hatte. Das abrückende Militär hatte stets Vorfahrt, bei Tag stürzten sich britische Tiefflieger gleichermaßen auf Soldaten wie auf Zivilisten.

Als nach etwa hundert Kilometern, im ungarischen Baja, das Essen ausgegangen war, tauschte Hanna in einem von Friedl unbemerkten Augenblick den Puppenwagen gegen einen Laib Brot.

Otto war mit seinem Vater unterwegs. Aber als in Südungarn die Situation immer gefährlicher wurde, empfahl er seinem Sohn, sich allein nach Jena zu seinem Internat durchzuschlagen. Otto kam wohl dort an, aber das Internat konnte ihn nicht mehr aufnehmen. Auf seiner einsamen Reise wurde er von einer englischen Militärpatrouille aufgegriffen und nach England deportiert. Dort verbrachte er vier Jahre als Gefangener in einem Internierungslager und wurde als Minensucher an der Küste eingesetzt. Diese Zeit war für ihn so traumatisierend, dass er sich davon nicht mehr erholen sollte.

„Kumme g'schwind, Frau Doktri, die Flieger hän unsr Marish g'troffe." Als Gattin eines Arztes wurde Annemarie häufig zu Verwundeten des Trecks gerufen. Annemarie war zwar schwanger, litt unter Übelkeit und Rückenschmerzen und in ihren Beinen hatte sich Wasser eingelagert. Als sie an ihrem ersten Rastplatz in Bakonygyirót angekommen waren, musste man sogar die Stiefel von ihren Beinen herunterschneiden. „Muss i jetz sterwe?", wimmerte das junge Mädchen. Im ganzen Treck gab es keinen Arzt oder Sanitäter. Annemarie stellte sich dieser Aufgabe, so gut es ihr möglich war und trug alles zu ihrem Überleben bei.

In Bakonygyirót

Die Kinder bekamen Krätze, besonders nachts fanden die vom Juckreiz Geplagten keine Ruhe. Da nützte es auch nichts, dass Annemarie zuweilen die Hände der Kleinsten festhielt, damit sie sich nicht die Verkrustungen blutig kratzten. Bevor sie sich um die Kinder kümmern konnte, musste aber die Unterbringung des gesamten Trecks an ihrem ersten Rastplatz organisiert werden. Annemarie übernahm die Führung, sprach mit dem Bürgermeister und wies jedem Wagen einen geeigneten Platz in Bakonygyirót zu. Als allerdings am nächsten Tag alle Pferde – mit Ausnahme der ihrigen – frisch beschlagen worden waren, wurde sie wütend: „Wenn sie mich brauche, finde sie mich, ner wenn ich mol a Hilf breicht, no steh ich lonich do!"[83]

Sie beschloss, sich vom Treck ihrer Landsleute zu trennen, ohne zu wissen, dass ihre Großmutter sich dort auch eingereiht hatte. Rosina befand sich auf dem Wagen der Familie Drach, der bald darauf nach Schlesien umgeleitet wurde. Da Ungarn über Nacht zum Feindesland wurde, gestaltete sich der Aufenthalt zunehmend schwieriger. Nach zehn Tagen wurde Annemarie ernsthaft krank. Trotzdem gelang es ihr, für sich und ihre Familie Platz in einem Lazarettzug nach Wien zu organisieren.[84]

Bombengeschwader und eine Geburt

Die Familie kam im zweiten Stock eines Wohnhauses in Wien unter. Einige Häuser standen leer, da viele Bewohner aus Sicherheitsgründen auf das Land geflüchtet waren. An einem Tag hatte Hanna frühmorgens Sarma zubereitet, als erneut Bombengeschwader angekündigt wurde. Alle waren mittlerweile sehr routiniert darin, sich beim ersten Alarm in den Luftschutzkeller zu begeben. Auch der kleine Herbert, Meister des Zurück-ins-Bett-Kriechens, so erinnert sich Ria, lief eilig mit. Im Luftschutzkeller dröhnte, krachte und barst es um sie herum. Als sie aus den Trümmern kletterten, mussten sie auch darauf achten, dass sie auf keine Mine traten. Das Haus, in dem sie untergebracht worden waren, existierte nur noch zur Hälfte. Einsam stand der Topf mit Sarma auf dem Herd. Annemarie trug die oberste Schicht an Scherben ab und alle griffen zu.

Der Luftschutzraum ihrer nächsten Unterkunft in Wien war ein Stollen, weit unter der Erde gelegen. Der Weg dahin dauerte allerdings ein paar Minuten. Doch auch hier kam der Tag, an dem die Familie keine Behausung mehr vorfand, als sie nach einer Bombardierung aus dem Stollen herauskroch. In Gaaden bei Mödling wurde die Familie schließlich zwangsweise in ein Haus eingewiesen. Da es sich um eine ländliche Gegend handelte, betraf sie der Fliegeralarm jetzt auch nicht mehr unmittelbar. Manchmal hielten sie sich sogar während eines Alarms im Garten auf.

Der Kreissaal des Mödlinger Krankenhauses wurde sicherheitshalber in den Keller verlegt. Annemarie schenkte dort im Februar 1945 ihrem jüngsten Sohn Harro das Leben.

„Ös Zigeiner, ös Herglaufene …"

Nach der Geburt ihres fünften Kindes sehnte sich Annemarie nach Ruhe. Sie war erschöpft von der beschwerlichen

Flucht und der Geburt. Im Schlafrock saß sie da und begann, Spitzenborten zu sortieren und Stickgarn aufzuwickeln – sie war mit ihren Nerven am Ende. Da in der Karwoche 1945 das sowjetische Heer Wien erreicht hatte, wurde ein erneuter Aufbruch in der Nacht unumgänglich. Bei Tagesanbruch landeten sie schließlich im niederösterreichischen Perg. Dort wurden sie in einem Einödhof einquartiert: „Ös Zigeiner, ös Herglaufene. Wann's was ghabt hätt's, wärd's net daher kemma." Die Begrüßung fiel nicht gerade freundlich aus. Hannas fast vollkommen erblindete Mutter, ihre zwei Schwestern mit Kindern und ihre Tante hielten sich bereits dort auf. Sechs Frauen wohnten hier mit ihren Kindern auf engstem Raum zusammen. Häufig kam es zu kleineren Streitereien. Die Käthi-Tante legte Patiencen und orakelte über die Zukunft. Immer ging es darum, ob und wann die Männer zurückkommen würden. Einmal wurden die Karten zum Trostspender, ein anderes Mal zum Unruhestifter. Hinzu kam die Sorge um die Männer und der ständige Hunger, der an ihren Nerven zerrte.

Außerdem hatte sich das Verhältnis zwischen Hanna und Annemarie von einem Tag auf den anderen verändert. Plötzlich war Hanna nur mehr für ihre eigene Familie da und stellte ihren Einsatz für Annemarie weitgehend ein.[85] Einige gefährliche Situationen regelte sie allerdings zum Vorteil aller. „Hier wohnen nur jugoslawische Zwangsarbeiterinnen mit ihren Kindern!", ließ sie die russischen Besatzer wissen, die bald den Hof aufsuchten. Sie brachte es sogar fertig, so etwas wie Freude über ihre „Befreier" an den Tag zu legen, als diese vor ihrer Türe standen. An einem der Tage „unterhielt" sich der Offizier länger mit ihr; zwar prangte nun ein Papier an der Tür, dass diese Kammer unter seinem Schutz stünde, was allen Bewohnerinnen einen Seufzer der Erleichterung entlockte, aber immer öfter kam er abends und streckte sich auf ihrem Bett aus. Und immer öfter rief Hanna im Schlaf nach ihrem Verlobten, von dem sie immer noch kein Lebenszeichen erhalten hatte. Wenn man sie aufweckte, weinte sie lautlos.

Untermalt von Richard Wagners „Götterdämmerung“ wurde der Selbstmord Adolf Hitlers am 30. April als „Heldentod“ im Radio vermeldet. Alsbald zogen am Hof grüppchenweise verhärmt aussehende KZ-Häftlinge des nahe gelegenen Konzentrationslagers Mauthausen in abgerissener Kleidung vorbei. Vierzehn Tage später verlasen einige von ihnen den „Mauthausen-Schwur“. Mit diesem wollten sie die Bevölkerung aufrütteln, ihre Verschleppung ins Konzentrationslager hatte ihr Verständnis für Werte einer Verbrüderung der Völker vertieft. „Im Gedenken an das vergossene Blut aller Völker“, so schrieben sie, „im Gedenken an die Millionen, durch den Nazifaschismus ermordeten Brüder geloben wir, dass wir diesen Weg nie verlassen werden. Auf den sicheren Grundlagen internationaler Gemeinschaft wollen wir das schönste Denkmal, das wir den gefallenen Soldaten der Freiheit setzen können, errichten: DIE WELT DES FREIEN MENSCHEN.“ Denn alle Schicksale seien auf untrennbare Weise miteinander verwoben, eine nationale Verhetzung solle es nie mehr geben.

Aus dem Radio erfuhren sie, dass in Wien eine interimistische Regierung eingesetzt wurde, die aus Sozialdemokraten, Christsozialen und Kommunisten bestand. Staatskanzler wurde Karl Renner von der SPÖ. Als es im Juni hieß, dass Flüchtlinge jedweder Herkunft in ihre Heimatländer zurückkehren konnten, brachte der Einödhofbauer die Ackermanns und Hannas Familie eilfertig zur Sammelstelle.

Der Krieg ist vorbei – die Odyssee geht weiter

Schließlich wurden die Frauen und Kinder von der russischen Besatzung in offene Viehwaggons verfrachtet und wieder

Richtung Wien transportiert. Einige beschwerten sich, dass der Kinderwagen der Ackermanns so viel Platz wegnahm. Es gestaltete sich schwierig für die kleine Familie, auf den Zug zu gelangen. „Ein alter Mann aus unserer Heimat erbarmte sich schließlich und bugsierte die Kinder und unser Gepäck durch ein Waggonfenster."[86]

Junge Mädchen, die in ihren Sommerkleidern die Gleise entlang spazierten, wurden immer wieder von den Siegermächten „zum Wäschewaschen" angehalten. Deshalb verbarg Annemarie Ackermann, sobald sie ein Soldat länger anblickte, ihr Gesicht hinter einem Tuch. Manchmal veranlasste sie auch ihr Baby zum Schreien. Es gab auch viele Gelegenheiten, in denen Frauen und Mädchen ungeschützt waren, zum Beispiel, wenn sie einen Schlafplatz in einer riesigen Lagerhalle fanden und die Menschen dicht an dicht wie die Ölsardinen beieinander lagen. Die Soldaten leuchteten den Schlafenden mit der Taschenlampe direkt ins Gesicht: Dann gab es ein Geschrei, ein paar Schüsse knallten und am nächsten Tag fehlte meist ein Mädchen oder eine junge Frau.

Als Annemarie aus dem Fenster blickte, sah sie, dass die meisten der stattlichen Häuser Wiens in sich zusammengefallen waren. Wände existierten nicht mehr und legten den Blick ins Innere der Häuser frei. Niemand durfte aussteigen, in der flirrenden Hitze wurde der Waggon schließlich auf ein totes Gleis umgelenkt. Nach dem ruckelnden Anrollen gab es so viele Stopps, dass manche auf die Idee kamen, die Zeit für ein kleines Feuer zu nutzen, um sich eine Kleinigkeit zu kochen. Annemarie, deren Muttermilch angesichts der Strapazen versiegt war, bangte um das Leben ihres Neugeborenen. Daher lief sie in den Pausen immer nach vorne in den ersten Wagen und erbat sich dort heißes Wasser für das Fläschchen. Einmal steckte ihr ein mitfühlender Soldat Geldscheine zu. Er sagte ihr, sie solle für ihren schreienden Säugling Milch kaufen. Während Harro mit einem stattlichen Geburtsgewicht von vier Kilogramm aufwarten konnte, betrug sein Gewicht jetzt, sechs Monate später, nur mehr eineinhalb Kilogramm. Der Arzt, den Annemarie später in Kunszentmiklós konsultierte, empfahl ihr, für einen gnädigen Tod des Kleinen zu beten.

Frau Hellmann aus Karawukowa/Karavukovo, einem Dorf in der Batschka, hatte auch ein kleines Kind in Harros Alter. Alle Menschen, die Annemarie aus diesem Dorf traf, waren ausgesprochen hilfsbereit. „So gut sie konnten, sie haben immer getan, was in ihren Kräften lag und hätten mich nie – und auch nie in eigener Not – im Stiche gelassen."[87] Frau Hellmann bot Annemarie an, ihr das Kind für eine Zeit zu überlassen. „Dann hat sie es auf ihren Schoß gelegt und ihm von ihrer Milch in seinen weit offenstehenden Mund geträufelt. Das Kind konnte kaum schlucken und ich fürchtete schon, dass es mir ersticken wird. Es ist dann eingeschlafen und hat tief geatmet."[88]

Der letzte Waggon

Je näher die Familie der jugoslawischen Grenze kam, umso mehr verdichteten sich die Gerüchte, dass man sie nicht ins Land einlassen würde. Allenfalls eine Durchfahrt in die Sowjetunion oder nach Sibirien sei gestattet. Einer Intuition folgend überzeugte Annemarie den Lokführer davon, den letzten Waggon, in dem sie sich mit ihren Kindern und einigen anderen Familien befand, in der Nacht abzuhängen. Als es so weit war, warf sie ihre wenigen Habseligkeiten auf die Gleise, sprang selbst ab und ließ sich ihre Kinder samt Kinderwagen hinunterreichen.

Auf Schleichwegen fand die kleine Familie ins Landesinnere und landete auf dem Bahnhofsgelände von Kunszentmiklós. Durch den Bahnhof ratterten immer wieder Gefangenenzüge. Durch die Ritzen der Waggontüren flatterten Papierfitzelchen, auf denen die gefangenen Soldaten in der

Hoffnung, eine Spur von ihrem Verbleib zu hinterlassen, ihren Namen und ihre Adresse gekritzelt hatten.

Die Familie kampierte eine Woche unter dem Vordach einer Lagerhalle. Sie hatten mittlerweile gelernt, wie sie mit zwei Ziegelsteinen und einem Stück Blech eine Kochstelle bauen und jene grünen Bohnen weichkochen konnten, die sie mehr oder weniger zufällig fanden. (Woher hätten sie sie nehmen sollen, wenn nicht stehlen?) Nachts versuchten sie auf ihrem Gepäck eine einigermaßen passable Schlafstellung zu finden.

Nach einer gewissen Zeit, als sich jemand von der ungarischen Stadtverwaltung erbarmte, konnten sie gemeinsam mit sieben weiteren kinderreichen Familien, zusammen fünfunddreißig Personen, in einem verschmutzten, leer stehenden Dienstgebäude unterkommen, einem sogenannten Stuhlrichterhaus, dem *szolgabiró ház*. Aufgrund der mangelnden hygienischen Verhältnisse erkrankten viele. Die 13-jährige Ria musste drei Tage im Stroh eines Bauernhauses ausharren, da die russischen Soldaten auf der Suche nach jungen Mädchen waren. Dabei regnete es auf ihren Rücken und sie erstarrte, danach konnte sie sich nicht mehr rühren. Ihre Glieder waren für mehrere Tage gelähmt.[89] Nur die kleine Friedl blieb gesund und durfte mit zwei anderen Kindern den ungarischen Kindergarten besuchen.

Endlich ein Privatquartier

Als Annemarie hörte, dass einem gelähmten Bauern der Knecht abhandengekommen sei, bot sie sich als Stallmagd an. Sie melkte seine Kühe, fütterte die Schweine, stopfte die Gänse und schob den Schubkarren regelmäßig auf den Wochenmarkt. „Schuhe hatte ich keine mehr und meine Strümpfe waren diesen Ansprüchen auch nicht gewachsen. Ich ging die ganze Zeit barfuß, auch wenn ich mit meinem

Schubkarren voller Gänse auf den Wochenmarkt fuhr.“ Lohn gab es keinen. Der Bauer überließ der Familie als Gegenleistung ein Zimmer mit einem Bett, einem Diwan und einen halben Liter Milch für das Baby. Im Gegenzug dazu sollten die Kinder möglichst „unsichtbar und unhörbar“ bleiben.[90] Um sich etwas zu erwirtschaften, verbrachte sie ihre Nächte mit Handarbeiten; mitleidige Menschen brachten ihr Wolle und sie strickte und häkelte nachts Kinderkleidung daraus. Nahezu täglich erfuhr sie eine Demütigung.

Bald meldete Annemarie Ria und Herbert an der Schule an: Ria am Gymnasium, wo sie die einzige „Fremde“ war, Herbert an der Grundschule. Die Lehrer, die Deutsch sprachen, schlugen Ria mehrfach vor, sich zum Ungarntum zu bekennen. Vor allem der junge Zeichenlehrer redete in perfektem Deutsch auf sie ein, dass es nur im Ungarischen so zärtliche Koseworte und süße Umschreibungen für die Liebe gebe, die ihresgleichen suchten.

Und er zählte sie alle auf – stets am Ende der Zeichenstunde, die am Ende des Vormittags lag und ihr zunehmend Unbehagen bereitete. Annemarie versprach man Lebensmittelmarken, wenn sie bereit sei, ihren Namen magyarisieren zu lassen. Man lobte sie auch für ihre hervorragenden ungarischen Sprachkenntnisse, mit denen sie vermutlich sogar als Schreibkraft in der Stadt arbeiten könne. Aber ihr Gatte könne sie unter dem neuen Namen nicht mehr finden, gab sie zu bedenken.

Schließlich wurde ihr zugetragen, dass Menschen deutscher Herkunft interniert werden würden. Sie sollten nach Ketschkemet/Kecskemét in ein Vergeltungslager kommen. Dort sollte ihnen stellvertretend vergolten werden, was Hitlers Politik der jüdischen Bevölkerung allerorten angetan hatte. „Das hat mich so entmutigt“, sagte sie, „dass ich es schon aufgeben wollte.“[91]

Erneute Flucht in der Heiligen Nacht 1945

Es hatte geschneit. Die Kinder hatten Baumschmuck gebastelt, Sterne aus Papier und Stroh. Sogar ein kleines Tannenbäumchen hatten sie aufgestellt. Annemarie schnürte dennoch lautlos ein Bündel, packte den Kinderwagen voll, hielt ihre größeren Kinder an, sich nur auf Ungarisch zu verständigen und verließ, ohne einen Blick zurückzuwerfen, das Haus. „Die Straßen waren menschenleer und als wir die Stadt hinter uns hatten, kam der Mond zum Vorschein und beschien unseren Weg. Irgendwie kam es mir feierlich vor, gar nicht unheimlich – schließlich war's ja Heilige Nacht", schrieb Ria in ihr Tagebuch.[92]

Ihre Mutter steuerte auf einen leer stehenden Stall zu, setzte die Kinder auf das Stroh und wartete auf einen Mann mit einem Wagen, der sie von hier fortbringen sollte. Sie kamen in einer Tanya, einem ungarischen Bauernhof, mitten in der Puszta unter – auch wenn die freundlichen Pächtersleute schon bald durchschauten, dass es sich bei ihnen nicht um eine ausgebombte Budapester Familie handelte, deren Vater im Krieg verschollen ist. Sie duften in der leerstehenden Gesindestube Quartier beziehen. „Wir sollten nehmen, was da ist, sollten uns gut einheizen und so tun, als wären wir daheim und gehörte alles uns", erinnert sich Annemarie.[93]

Annemarie wurde auch hier zur Stallmagd, der neunjährige Herbert erwies sich als hervorragender Schweinehüter und Beheizer des Backofens und die große Schwester als strenge, aber zuverlässige Babysitterin. Immer öfter übernahm Annemarie das Kochen für alle. Sie kochte meist ein einfaches, deftiges, mit viel Paprika gewürztes Essen. Ria und ein weiteres Mädchen gewöhnten sich daran, sich in den hoch aufgetürmten Betten zu verstecken, wenn russische Soldaten ihre Runden drehten. Harro gedieh mit Speck und Paprikawürsten. Ein Augenleiden blieb ihm allerdings zeitlebens.

Herr Schramm hilft nicht

Annemarie gab sich als ungarische Bauersfrau aus, als sie in die Hauptstadt fuhr, um das Rote Kreuz aufzusuchen. Herr Schramm, ein Kaufmann aus Novi Sad, der gemeinsam mit den Ackermanns eines der Wochenendhäuser in der Fruška Gora gebaut hatte, arbeitete in Budapest.

Annemarie freute sich, endlich wieder einen alten Bekannten zu treffen. Die Kinder verbrachten damals in den Gärten eine unbeschwerte Zeit. Mittlerweile war Herr Schramm Sekretär der Kommunistischen Partei. Die gemeinsamen Wochenenden waren vergessen. Sie solle Budapest so schnell wie möglich verlassen, ließ er ihr ausrichten, falls sie sich nicht daran halte, lasse er ihr maximal 24 Stunden Zeit.[94] Auch über einen anderen befreundeten Kaufmann aus Novi Sad, der seinen Namen mittlerweile magyarisieren ließ, erbat sie sich Hilfe. „Der hat aber von mir einen so hohen Preis – 80.000 Eier und Gott weiß noch was – verlangt, sodass ich auf seine Hilfe verzichten musste. Kurz entschlossen bin ich dann auf der Straße auf den ersten Lastkraftwagenfahrer zugegangen und habe ihn gefragt, ob er mich mit meinen Kindern nicht an die Grenze fahren würde und was er dafür verlange. Er gab sich mit einigen Zentnern Mehl und 10.000 Eiern zufrieden."

Das für ihre Flucht erforderliche Geld beschafften sie sich durch den Verkauf von Schmuckstücken, die sie bisher erfolgreich verstecken konnten. Das Geld musste für den Transport nach Wimsbach in Österreich – dort vermutete sie ihren Mann – und für neue Schuhe, auch für die Kinder, reichen. Der restliche Schmuck wurde in Brotlaibe eingebacken. Die Bernsteinketten wurden allerdings durch das Backen dunkler, stellten sie später fest.

Auf dem Lkw fuhren sie von Budapest bis nach Ödenburg/Sopron, nahe der österreichischen Grenze. Die genannte Adresse durften sie jedoch erst in der Dunkelheit aufsuchen; es war eine deutsche Familie, die diesen riskanten Menschenschmuggel organisierte.

Auf diese Weise landeten sie in der russischen Besatzungszone. Am nächsten Tag nahmen sie den Linienbus, um in die amerikanische Besatzungszone zu gelangen. Annemarie erzählte den Busreisenden in Windeseile die Kurzversion ihrer Fluchtgeschichte und dass sie jetzt kurz davor stünde, nach zwei Jahren ihren Mann wiederzutreffen. Sofort schlug ihr eine Welle von Anteilnahme und Verständnis entgegen. An der Steyr Brücke angekommen, kam es zu vermeintlich neuen „familiären" Konstellationen: Annemarie hatte sich, Harro auf dem Arm, bei einer älteren Person des Linienbusses eingehängt, eine weitere Reisende hatte Herbert und Friedl an die Hand genommen und Ria stützte einen Mann, der am Stock ging. Die Hilfsbereitschaft der vielen Menschen, dieses kleine, ihnen ihre Freiheit schenkende Schauspiel mitzuspielen, machte Annemarie glücklich. Und sie freute sich jetzt auf Matthias, der in Wimsbach sein jüngstes Kind zum ersten Mal sehen sollte.

Linz: Lager 65 und 66

Matthias und Annemarie konnten ihr Glück zunächst kaum fassen. Sie erfuhren, dass sich auch einige ihrer Landsleute und Freunde vor Ort befanden. Ihre überschwängliche Freude erhielt einen ersten Dämpfer, als sie bemerkten, dass diese meist auf Distanz zu ihnen gingen. Niemand hatte mehr etwas oder hatte Lust, das wenige zu teilen. Ein Rechtsanwalt aus Neusatz hatte sich zum Beispiel auf das Stricken von Norwegerpullovern spezialisiert, nur so konnte er sich etwas dazuverdienen, denn für deutsche Flüchtlinge gab es keine Arbeitserlaubnis.

Schließlich siedelte die Familie nach Linz über, in die Unterkunftsbaracken der ehemaligen Zwangsarbeiter der Hermann-Göring-Werke, jetzt Voest-Werke. Das Lager 66 wurde zunächst ihre neue Bleibe. In ihrem Ausweis war ihre Flüchtlingsnummer vermerkt: 0687. Matthias erhielt eine Anstellung in der Sanitätsbaracke, und die Familienmitglieder wurden als Displaced Persons (DP) registriert. Sie waren zur falschen Zeit am falschen Ort.

Da die Menschen im Lager meist ganz andere Sorgen hatten, wurde Matthias Ackermann als Zahnarzt kaum gebraucht. Fast alle plagten sich mit Läusen herum. Die Ackermanns konnten aber auch keine Ansprüche stellen oder Privilegien erwarten, immerhin bekam er als Zahnarzt eine warme Mahlzeit, die er „zur Anreicherung" mit nach Hause brachte. Da das Dach der Baracke undicht war, schlief Ria in der obersten Etage ihres Stockbetts niemals ohne Eimer, in den das Regenwasser tropfte und sie in ihre Träume hinüberbegleitete. Matthias, der bald zum Barackenführer bestimmt wurde, nutzte die Gelegenheit, um seine Familie in einer wetterfesten Steinbaracke unterzubringen.

Sobald es ging, wurde wieder Augenmerk auf die Bildung und Kultur der Kinder gerichtet: Ria kam in eine Bürgerschule, ähnlich einer Hauptschule. Für eine höhere Schule hätte sie über Englischkenntnisse verfügen müssen. Darüber hinaus war sie „Kostgängerin" bei einer Linzer Familie, da sie den Klavierunterricht am Konservatorium wieder aufnahm. Die Jüngste musste in der Lagerschule eingeschult werden. Später – nachdem sie ins Lager 65 umgezogen waren – wurde Herbert in das Jesuitengymnasium auf dem Freinberg aufgenommen. Und um einen Abglanz jener Normalität zu fühlen, nach der sie sich sehnten, besuchten Annemarie und Matthias immer häufiger das Landestheater in Linz.

Otto und Rosina im Lager Haid

Das Lager Haid bei Ansfelden war schließlich ihre dritte Unterkunft. Dort blieben sie bis 1949. Kurzzeitig hatten sie mit dem Gedanken gespielt, nach Paraguay auszuwandern. Diese Pläne zerschlugen sich jedoch, als sie in Erfahrung bringen konnten, dass Matthias auch dort keine beruflichen Chancen haben würde.

Friedl wurde in die Dorfschule eingeschult. Sie erinnert sich später noch daran, dass ihr Vater sie an besonders heißen Tagen mit dem Fahrrad abholte und wie sich der Fahrtwind in ihren Haaren verfing. Ria begann 1948 eine Berufsausbildung am Konservatorium. Nebenher absolvierte sie die vierte Klasse der Mittelschule für heimatlose Volksdeutsche im Fernstudium. Darüber hinaus ging sie noch halbtags in eine Schneiderlehre, um etwas „Handfestes" zu lernen. Sie fügte sich zwar dem Wunsch ihrer Eltern, gab sich aber lieber der Musik hin oder tanzte.

Otto, der nach dem Krieg aus dem englischen Internierungslager entlassen wurde, hatte seine Familie über das Rote Kreuz gefunden. Und Rosina – auch sie fand den Weg zu ihrer Familie und stand eines Tages abgemagert, aber glücklich vor der Lagertür. Ria erinnert sich, dass sie ein schmales Bett in der Küche erhielt. Jeder, der die Wohnung betrat, musste daran vorbeigehen. Sie war aber ohnehin die Erste, die aufstand. Die wenigen Dinge, die sie besaß, packte sie in einen Karton und schob ihn unter das Bett. Rosina schälte die Kartoffeln, putzte das Gemüse, rührte den Kuchenteig und an bestimmten Feiertagen stellte sie Gebäck und Kuchen in größeren Mengen her. Dann saß sie stundenlang vor dem Ofen, legte Holz nach und achtete darauf, dass das Backgut nicht verbrannte. Den schmalen, steinigen Streifen, der sich vor dem Haus befand, versah sie mit Erde, sie gärtnerte eifrig und nutzte ihn als kleinen Vorgarten, in dem sie jene in Österreich bis dahin unbekannten Kürbis- und Paprikasamen ausbrachte. Das Plumpsklo befand sich am anderen Ende der Baracke und die zu einem bestimmten Zweck zurechtgeschnittenen *Salzburger Nachrichten* nahm jeder selbst mit.

Wie früher setzte sich Rosina ans Spinnrad und spann aus Watte – etwas anderes gab es nicht – einen dicken Faden. Daraus strickte sie für die ganze Familie Pullover und Jacken. Unterwäsche nähte sie aus Mehlsäcken. Diese Kleidungsstücke verloren jedoch bald ihre Form. Als das erste große Heimattreffen der Donauschwaben in Linz bevorstand, fertigte sie für ihre älteste Urenkelin eine Parabuter Tracht. Ria sollte als Trachtenträgerin im Umzug und bei der Großkundgebung vor dem Landtag in Linz dabei sein. „Ich seh es noch vor mir, wie die Omami am großen Küchentisch über die weißen Stoffbahnen gebeugt, die aus gebleichten amerikanischen Mehlsäcken zusammengenäht waren, mit ihren gekrümmten Fingern die feinen Fältchen mit kraftvollem Entlangstreifen in den spröden Leinenstoff presste. Das Ganze wurde mit Stärke getränkt und mit allerlei Gegenständen beschwert, bis es knochenhart war."[95] Für das Anlegen des Atlastuches benötigte sie 50 Stecknadeln. Obwohl sie die anderen stets großzügig unterstützte, beklagte sie sich nie, dass sie sich nur von dem ernähren konnte, was ihr die Kinder übrig ließen. Ihr Gatte Valentin, der sich aufgrund eines Fußleidens nicht zu der beschwerlichen Flucht entschieden hatte, hatte sich auf dem Dachboden erhängt, als die Partisanen in Parabutsch zu plündern begannen. So war Rosina nun zum dritten Mal Witwe geworden.

Talent zum Schwarz- und Tauschhandel, mit dem sich viele Flüchtlinge über Wasser hielten, besaß Annemarie ebenso wenig wie ihr Gatte. Sie war enttäuscht über die nicht vorhandenen beruflichen Möglichkeiten vor Ort: „Als Flüchtling konnte man zu der Zeit in Österreich keine Arbeit bekommen, außer beim Schuttwegräumen oder Steineklopfen."[96] Trotz allem wurde die Schulbildung für die Kinder wieder aufgenommen. Friedl ging in Ansfelden in die Dorfschule, Herbert blieb bei den Patres.

Je enger es in den Baracken wurde, desto mehr breitete sich der Lagerkoller aus. Deshalb entschloss sich Annemarie immer häufiger, mit ihrer Familie zu picknicken – weitab vom Lager. Bei schlechtem Wetter liefen alle zu Fuß ins Kino, das mehrere Kilometer vom Lager entfernt war.

Neue Heimat

„Neue Heimat" – so hieß die Wohnsiedlung außerhalb von Linz, in der Bauerstraße 4. Erstmals tauchte der Begriff „Heimat" wieder auf. Dort bezog die Familie für zwei Jahre eine kleine Dreizimmerwohnung, aber zu Harros Leidwesen war das Fußballspielen verboten. Friedls langes, weißes Kommunionkleid wurde kurzerhand aus weißer Fallschirmseide genäht. Ihre Haare wurden am Tag zuvor auf Zeitungspapierstreifen aufgerollt, damit sie am Tag ihres Festes für ihre Locken bewundert wurde. Matthias richtete eine kleine Zahnarztpraxis ein, das Wartezimmer befand sich zwischen Küche und Bad. Die Omami schlief im Wohnzimmer und die vier Kinder kamen auf zwei Liegen im Nebenzimmer unter. Otto wurde zwar bis 1950 als Zahntechnikerlehrling beschäftigt, in Österreich hatte er allerdings als Displaced Person keine Möglichkeit, die entsprechenden Prüfungen zu absolvieren, sodass er als Hilfsarbeiter tätig sein musste. Er und sein Vater gerieten immer häufiger aneinander.

„Die Situation war schwierig: in drei spärlich möblierten Räumen hauste unsere Familie mit vier Kindern und der Urgroßmutter beisammen, für Otto blieb nur der winzige Abstellraum neben dem Behandlungszimmer zum Schlafen. Dort hatte der Vater sich ein provisorisches Zahnlabor eingerichtet und der Sohn sollte nun, zusammen mit einem anderen jungen Mann zum Zahntechniker angeleitet werden. Das ging nicht lang gut. Vorausgegangen waren schlimme Szenen zwischen Vater und Sohn, der Vater reagierte verzweifelt und ungeschickt: Er ließ die Polizei rufen. Die nahm den Jungen mit und als der weiter tobte, brachte man ihn schließlich zu einem Arzt, der Jugendschizophrenie diagnostizierte. Otto wurde mit einer Serie von Elektroschocks behandelt, die ihn noch weiter verstörten. Der Vater hielt seinen Verbleib in der Familie für untragbar und so fand man schließlich in Bayern Verwandte, die bereit waren, ihn aufzunehmen."[97]

Zeitlebens versuchte der Halbwaise eine Beziehung zu seinem Vater herzustellen. Und obwohl Matthias Ackermann einen Zugang zu seinen anderen Kindern pflegte und sich auch um deren sportliche oder auch musische Ausbildung kümmerte, vermochte er es nicht, sich seinem ältesten Sohn verantwortungsvoll zuzuwenden.

Weder Matthias noch sein Sohn oder Annemarie konnten sich in Österreich eine berufliche Existenz aufbauen, so sehr sie sich auch darum bemühten. Es war Annemaries Mut zu verdanken, dass sie einen Neuanfang wagten. Im Jahre 1951 kehrten sie Österreich den Rücken.

IV. Ankunft in Landau

Wir waren nix, gar nix. Wir waren Volksdeutsche.
(Annemarie Ackermann)

Eucharistischer Kongress in Passau (1951)

„Das mit dem In-Österreich-Bleiben – das war ja nix", so äußerte Annemarie sich rückblickend. „Wir ham ned richtig die Schulen können besuchen" […] unser Vater [ihr Mann] hat keine eigene Praxis aufmachen können. Er hatte ein deutsches Diplom gehabt, er durfte aber nicht selbstständig werden. Eine Krankenkassenzulassung hätte er auch nicht bekommen. Und, um nicht unterzugehen, und damit wir etwas Richtiges lernen können, hab'n wir g'sagt, wir müssen nach Deutschland."[98]

Sie berichtete auch von ihren Freunden aus Serbien, die mit der Hilfe des Landrats Friedrich Martin Graß[99] nach Landau in die Pfalz gelangten. „Für die war das einfach, die hatten keine Kinder, keine Verwandten, keinen Anhang, kein gar nichts. Es waren zwei Personen, beide Schneider, die sind gut untergekommen. Sie haben eine Zweizimmerwohnung mit Küche und Bad bekommen. Aber für uns war das schon schwieriger." Der Roth-*Bácsi*[100] schrieb daraufhin: „Komm, ich werd das machen, und der Landrat wird das schon genehmigen. Kommt's nur, Nuschi, das geht bestimmt. Wir machen des schon. Aber Wohnung misst's eich selber suchen. Wir suchen eich a Zimmerl."

„Wie wir nach Deutschland kamen?", erzählte Annemarie weiter, „wir hatten keinen Ausweis, wir waren nicht als Flüchtlinge anerkannt, wir waren nix, wir waren gar nix, Volksdeutsche. Und da war dann in Passau der Eucharistische Kongress und ich dachte mir: Jetzt oder nie! Dann bin ich nach Passau gefahren, bin an der Grenze ausgestiegen, man hat mir das geschildert, dass man dort über die Grenze kann. Man muss über den Berg drüber, aber der Grenzer passt auf. Ich bin dahin gekommen, bin dann angekommen. Links war das Zollhäusl, rechts war eine Gastwirtschaft. Ich bin dann in die Gastwirtschaft rein und da war'n noch mehr so hinterlistige G'stalten wie ich eine war. Die wollten alle schwarz rüber. Aber die meisten hatten ja Schmuggelware bei sich. Ich hatte ja gar nix. Wir hatten ja nix zum Schmuggeln. Wir waren froh, wenn wir was für uns zum Essen hatten."

Ein junger Mann, der einem Kaplan einen Kelch und eine Albe brachte, und noch zwei ältere Leute begleiteten sie. Jene, die jünger waren, entschwanden schnell ihrem Sichtfeld. Dass sie über einen Bach springen musste, machte ihr nichts aus. Aber über den Berg zu gelangen, gestaltete sich schwieriger. Bergwandern oder Radfahren fielen ihr schon früher nicht so leicht, im Gegensatz zu Matthias, der mit den Kindern sportlich unterwegs war: „Ich hatte so eine Atemnot […]. Dann fing's noch an zu regnen. Ich hab mich oben auf der Kuppel hinfallen lassen. Und ich hab gesagt: ‚Und wenn ich jetzt sterb', ich kann nicht mehr weiter.'" Noch eine halbe Stunde lag sie da, der junge Mann mit dem Kelch rief immer nach ihr, um den Kontakt nicht abreißen zu lassen.

„Ich bin dann runter. Ich hab einen Lkw getroffen, der hat mich ein Stück mitgenommen. Dann mit der Bahn, dann wieder mit dem Lkw – auf einmal war ich dann in Landau. Irgendwie ist mir gelungen, per Autostopp nach Landau zu trampen."

In Landau angekommen, suchte sie umgehend das Schneiderehepaar Roth auf, bei dem auch Ria ihre Lehre absolviert hatte. Die beiden hatten auch Annemaries Hochzeitskleid genäht. Herr Roth begleitete sie, als sie sich auf dem Weg zum Landrat machte und um eine Genehmigung bat, in Landau leben zu dürfen.

„Ja, liebe Frau Ackermann, ich kann Ihnen weder eine Wohnung noch eine Zuzugsgenehmigung besorgen“, musste er sie enttäuschen. Landau war nämlich französisches Besatzungsgebiet. Dort waren keine Flüchtlinge vorgesehen.

Annemarie gab nicht auf: „Herr Doktor Graß, wenn Sie mir nicht helfen, dann hätten wir auch in Jugoslawien bleiben können. Dann hätten meine Kinder dort können Kommunisten werden oder sterben. Und in Österreich wären sie auch nur Kommunisten geworden. Meine Familie hatte auch keine Möglichkeiten der Bildung, ihnen stand kein Bildungsweg offen. Mein Mann durfte seinen Beruf nicht ausüben. Dann hätten wir in Jugoslawien zugrundegehen können. Das wäre leichter gewesen.“

Der Landrat gab ein auch heute bekanntes Argument zu bedenken: „Was sollen wir denn machen? Wissen Sie, wenn wir halt die eine Familie … Ich kenne das, dann kommen halt auch die Verwandten, die Brüder, die Geschwister, die Cousins, die Cousinen, die Patenkinder, die Nachbarn.“

Das ließ Annemarie nicht gelten: „Ich habe gar keine Geschwister und mein Mann hat auch niemanden mehr. Seine Schwester lebt in Ungarn. Seine Mutter ist allein geflüchtet und ich habe keine Verwandten. Bitte, bitte nehmen Sie uns doch auf. Wir brauchen keine Wohnung, nur eine Zuzugsgenehmigung nach Landau.“

Dass sie sich nicht auf ihn berufen könne, ließ er sie wissen. Und händigte ihr das gewünschte Schreiben aus.

Der österreichische Grenzer

Überglücklich über ihren Erfolg machte sie sich auf den Rückweg: Zu Fuß, mit dem Lkw und über den Bach sprang sie diesmal leichtfüßig. Auch der Weg auf den Berg fiel jetzt viel leichter. Der österreichische Grenzer beobachtete sie allerdings mit seinem Feldstecher und hielt sie oben an der

Kuppe fest: „Sie sind verhaftet! Sie haben die Grenze unbefugt betreten und wollen nach Österreich rein."

Annemarie, deren Ansinnen einzig und allein darin bestand, ihre Familie von Österreich nach Deutschland zu holen, wurde nervös. Sie kam ihm in der Mundart entgegen. „Schaun's, da kommt der Bus", bemerkte sie leutselig und versuchte, ruhig zu bleiben.

Er blickte kurz auf ihre Papiere: „Ja, des kenn' ma scho', Flüchtlinge, Volksdeutsche, ja des kenn' ma scho. Nix eini." Er faltete die Papiere wieder zusammen und reichte sie ihr zurück. Sie wurde festgenommen und der Bus, in den sie hätte steigen wollen, um ihre Familie nachzuholen, fuhr ohne sie ab.

Der österreichische Zöllner hatte allerdings keine große Freude mit ihr: „Das war für den Zöllner eine weit beschwerlichere Nacht als für mich. Ich ließ dem Mann keine Ruhe. Ich hab ihn derart drangsaliert: ‚Es Österreicher. Ihr habt uns so weit gebracht. Ich will jetzt nach Deutschland mit meinen Kindern. Ihr sagt zu uns ‚Zigeiner', nicht einmal Klosettfrau kann man bei euch werden. Ihr sagt's zu uns ‚Zigeiner'. Aber die Läuse und die Wanzen ham mir erst bei euch kennengelernt. Bei uns hat's keine Wanzen gegeben und keine Läus'. Ihr seid's schuld! Und ihr sagt's, wenn was g'habt hätt's, werd's ned weggangen von daheim. So viel wie wir g'habt ham, werdet ihr in eurem Leben nie sehen, so wie wir gelebt haben. Bei uns war ned' der Misthaufen vor der Haustür."

„Weib, sei still. Halt mal die Gosch'n, ich will schlafen." Der Zollbeamte wurde unwirsch.

„Hättest Du mich fahren lassen, wärst du mich los. Du musst dir des jetzt anhören. […] Früher waren wir stolze Menschen, ihr hab's uns zu Zigeinern g'macht. Ihr habt's uns degradiert."

Um fünf Uhr morgens war der Grenzer mit seinen Nerven am Ende: „Mach dich fertig. Schau dass'd raus kommst und hau ab.“ – „Das hätts’t schon gestern Abend haben können“, bemerkte sie launig.

Damit war die knapp sieben Jahre andauernde, ereignis- und entbehrungsreiche Flucht der Familie Ackermann beendet. Direkt am Westbahnhof in Landau erhielt die Familie ein kleines Notquartier, das allerdings so klein war, dass Otto, als er wieder zu ihnen stieß, erneut nicht unterkommen konnte. Auch die Omami fand keinen Platz mehr in dem siebenköpfigen Haushalt, der sich auf zwei Räume verteilte. So wurde die bescheidene Rosina im Altersheim Bethesda untergebracht, benannt nach einer Jerusalemer Zisterne. Sie musste sich nun in einem Schlafsaal mit acht Betten zurechtfinden.

Ihr Tod kam für alle überraschend: Als Herbert ihr an einem Tag gefüllte Paprikaschoten vorbeibrachte, die ihre Nichte zubereitet hatte, und sie diese auf dem Bettrand sitzend mit großem Appetit und Genuss glücklich verspeist hatte, legte sie sich im Anschluss an das vorzügliche Mahl zum letzten Mal nieder. Rosina, die personifizierte Bescheidenheit und über viele Jahre tragende Säule der Familie, wurde 82 Jahre alt.

An die lauten Geräusche der an- und abfahrenden Züge am Westbahnhof gewöhnten sich die Ackermanns schnell. Schlimmer war, dass sie sich nicht in die Gesellschaft integrieren konnten. Nirgends wurden sie willkommen geheißen. „Leider mochte uns keiner. Wir waren Fremde. Irgendwann habe ich dann mal gefragt: ‚Wann gehört man denn zu den Landauern dazu?‘ Da hat jemand gesagt: ‚Wenn du zwanzig Jahre auf dem Friedhof draußen liegst.‘“ Solange wollte sie nicht warten.

Erste Schritte in Landau

Die kleine Familie blieb zunächst in der Stadtmitte. Matthias Ackermann beabsichtigte auch dort eine Zahnarztpraxis zu eröffnen. Leider sollte es erneut nicht gelingen, eine Kassenzulassung zu erhalten, obwohl er einen großen Teil seiner Studienzeit in Deutschland verbracht hatte.

Annemarie stellte sich als Dolmetscherin für Serbisch, Kroatisch und Ungarisch zur Verfügung, was angesichts der wachsenden Anzahl von Flüchtlingen für die Behörden hilfreich war. Die drei jüngsten Kinder versuchten, sich im für sie fremden Schulsystem zurechtzufinden. Die älteste Tochter Ria wagte noch im Jahr des Zuzugs, 1951, den Sprung in die Selbstständigkeit und eröffnete – als mittlerweile diplomierte Gymnastiklehrerin und Bühnentänzerin – ein eigenes Gymnastik- und Tanzstudio, das ihre Mutter im Kellergeschoss für sie einrichten ließ. Dafür warb sie in der Landauer Ausgabe einer rheinpfälzischen Zeitung.

Annemarie und Matthias engagierten sich gemeinsam in verschiedenen örtlichen Vereinen. Ihr Bedürfnis, von der hiesigen Bevölkerung akzeptiert zu werden, war groß. Friedl, mittlerweile elf Jahre alt, wurde meist sonntags von den Vermietern zum Wandern eingeladen. Sie genoss die vielen Wanderungen im Pfalzer Wald und freute sich stets auf die Einkehr in den Häusern des Pfälzerwald-Vereins.

Im Sommer 1951 rief Annemarie eine Jugendgruppe ins Leben. Ihr fiel auf, dass die Werber der französischen Fremdenlegion besonders bei den Flüchtlingsfamilien rekrutierten und dort durchaus auf positive Resonanz stießen. Viele junge Männer, gerade den Vernichtungslagern der Vojvodina entronnen, waren geneigt, dieses Angebot anzunehmen. Ihr Platz sei aber nun hier, rief Annemarie den Jugendlichen zu. Jeder Einzelne solle sich doch bemühen, hierzulande Fuß zu fassen. Es sei für jeden nötig, sich auch einzubringen, damit er von den Einheimischen geachtet werde. „Sie [die einheimische Bevölkerung] müssen die Gelegenheit bekommen, uns näher kennenzulernen, schließlich sind wir ja ihre in den Balkan versprengten Ableger!“[101]

Annemarie gelang es, 26 geflüchtete Mädchen und Jungen sowie junge Erwachsene im Alter zwischen 15 und 30 Jahren zusammenzutrommeln. Die Jugend- und Trachtengruppe traf sich zweimal wöchentlich. Auch die Mütter und Großmütter waren eingebunden. Ihnen kam die Aufgabe zu, ihren Kindern das schöne Äußere zu verpassen. Die Parabuter und die Miletischer Tracht wurden als Vorlage ausgewählt, da noch einige Originale vorhanden waren. Die Mädchen lernten, ihre Leibchen („Leiwl") selbst zu besticken. Das Strümpfestricken überließen sie ihren Großmüttern, da sie selbst nicht genügend Geduld für das Zopfmuster aufbrachten. Ria erinnert sich, dass Annemarie auch auf Kleinigkeiten achtete, „die aber wesentlich für das Gesamtbild sein können: auf Schnitt und Ziernähte an den schwarzen Schürzen, die Länge der Unterröcke, auf den Halsschmuck, die strenge Zopfkranz-Frisur, und ach, das bretthart gestärkte ‚Paradiessacktichl' mit dem obligaten Rosmarinzweig."[102] Besonders schwierig war auch das Herstellen der Fransen für die Schultertücher. Die Männer hatten es einfacher: Sie trugen dunkle Anzüge und schwarze Lackschuhe.

An den gemeinsamen Nähabenden fingen die Alten an, wieder von daheim zu erzählen und davon, was sie alles erlebt hatten. Und sie sangen wieder gemeinsam.

Unterstützung erhielt Annemarie sowohl vom Landrat als auch vom Leiter der Heimatstelle der Pfalz in Kaiserslautern, Fritz Braun. Schließlich wurde die Gruppe in die am Ortsrand gelegene Gaststätte eingeladen. Es war einheimisches Publikum gekommen, so wie es sich Annemarie immer gewünscht hatte. Sie betätigte sich als Souffleuse für diejenigen, die eine Textstelle beim Vortragen eines Gedichts vergessen hatten, und Ria griff den jungen Männern im wahrsten Wortsinne unter die Arme, um ihnen die Walzer- und Polkaschritte beizubringen. Dass die älteste Tochter 1952 sogar Karnevalsprinzessin wurde, ist vor dem Hintergrund ihres tänzerischen Engagements nachvollziehbar. Die elfjährige Friedl fand die vielen plissierten und gestärkten Unterröcke allerdings nicht sehr bequem.

Der nächste Ball, den sie planten, war der noch größere „Trauweball", der Traubenball. Auch das erste große sogenannte „Heimattreffen" fand 1952 in Landau statt. Es gab die Rolle des „Brautpaares", des Hochzeitsladers, der Brauteltern und der Kranzljungfern. Annemarie lernte bei dieser Gelegenheit auch Tänzerinnen und Tänzer und sogar Dichter (leider wohl keine Dichterinnen) aus Landau kennen. Diese Begegnungen spornten sie an, in ihren Darstellungen auf noch größere Perfektion zu achten. Mit einem Augenzwinkern stellten sie Gemeinsames heraus, zeigten aber auch Unterschiede zwischen den Traditionen der Pfälzer und ihren eigenen auf. Beim Landauer Erntedankumzug schlossen sich zehn donauschwäbische Trachtenpaare an. Kukuruzstengel, Kürbisse, Tomaten sowie Paprika-, Zwiebel- und Knoblauchkränze, viele Früchte, die den Landauern bis dato nicht vertraut waren, ergänzten die heimische Ernte auf dem Erntewagen.

Zu Beginn des Jahres 1953 meldete Annemarie die Jugendgruppen in der Arbeitsgemeinschaft der Pfälzer Trachtengruppen an. Als sie schließlich im selben Jahr beim Parteitag der christlich-sozialen Union zu Wort kam, schien sie einen gewissen Eindruck hinterlassen zu haben, denn sie erhielt bald eine stattliche Spende für ihre Jugendgruppen. In der Folge konnte sie ein noch größeres Programm präsentieren. Sie gewann an Selbstsicherheit, und die Presse begann, sich für sie zu interessieren.

Seit Annemaries Ankunft in Landau vollzog sich in ihrem Inneren eine religiöse Kehrtwende. Während sie sich in der Batschka von der Kirche distanziert hatte, suchte sie in Deutschland ihre Nähe. Es ist möglich, dass sie – während ihrer Flucht über die grüne Grenze mit einem angehenden

Priester – ein Gelöbnis abgelegt hatte. Oder dass der Tod Rosinas sie zum Grübeln gebracht hatte. Es könnte aber auch sein, dass der Pfarrer aus Landau, der sich besonders der Geflüchteten annahm, eine nachhaltige Wirkung auf sie ausgeübt hatte. Sie trat auch dem katholischen Frauenbund bei und übernahm kurzerhand die Rolle der Schriftführerin.

Und wo ist Otto?

Seine Tragödie begann bereits bei seiner Geburt, als seine Mutter im Kindbett starb. Dass Annemarie an die Stelle ihrer Schwester trat und die Mutterrolle für ihn übernahm, schien zunächst eine positive Wendung zu sein. Als er aber bis 1948 in englische Gefangenschaft geriet, veränderte sich seine Persönlichkeit nach und nach. Es ging etwas in ihm zu Bruch, das nicht mehr instandzusetzen war.

1950 gelangte er zu seiner Großmutter nach Oberbayern, dort nahm er eine Stelle als Lagerarbeiter an. Im Jahr darauf zog er in die Nähe seiner Familie in die Pfalz und versuchte sich als Metzgerlehrling. Der Verlust seines Meisters, der noch während der Lehre Selbstmord beging, traf ihn hart. „Kann mir eine weitere Ausbildung nicht leisten, weil ich Flüchtling bin und meine Eltern noch vier kleinere Geschwister zu versorgen haben. So bin ich gezwungen, Geld zu verdienen“[103], schrieb er. Unmittelbar zuvor war er in Neumarkt-Sankt Veit bei einer Anna Matzner beschäftigt. Danach arbeitete er als Hilfsarbeiter kurzzeitig bei zwei verschiedenen Arbeitgebern, dann beim Landauer Landratsamt und später bei der Kreisverwaltung in Rastatt. Die Zeitabschnitte, in denen er an einem Ort arbeitete, wurden jedoch immer kürzer. Immer schneller geriet er in Konflikte, immer häufiger erledigte er seine Arbeit nicht auftragsgemäß.

Durch welchen Auslöser sich Ottos seelischer Zustand weiter zuspitzte, ist nicht bekannt. Im Jahr 1955 wurde er in einer psychiatrischen Klinik in Emmendingen untergebracht. Die Ärzte diagnostizierten eine chronisch verlaufende Schizophrenie, ein Befund, der mit dem Stigma der Unheilbarkeit und Hoffnungslosigkeit einherging. Otto litt an Halluzinationen, war im Denken und Verhalten in Teilen desorganisiert und es gelang ihm nicht mehr, allein für sich zu sorgen. Zeitweise ernährte er sich von Gras und Kräutern, ähnlich, wie er es auf seiner Flucht schon getan hatte.

Er fand keine Konstanten mehr im Leben, da auch Annemarie, die seit 1953 im Deutschen Bundestag beschäftigt war, beruflich immer stärker eingespannt war. Und auch seine Geschwister zerstreuten sich in alle Winde: Ria wohnte in Memmingen und absolvierte ein weiterführendes Tanzstudium. Herbert lebte in Karlsruhe, Friedl war bis zu ihrem Schulabschluss im Internat St. Magdalena in Speyer untergebracht, und Harro besuchte eine Schule in Sasbach. Nur eine Tante bot ein wenig Nestwärme, sie managte den Haushalt der Ackermanns, ohne dabei ihr großes Herz oder ihre gute Laune zu verlieren.

Annemarie versuchte, ihrem Sohn gerecht zu werden, vermochte es aber nicht. Sie litt in dieser Zeit mehrfach unter einem Erschöpfungssyndrom, von dem sie sich nur schwer erholte.

Immer wieder suchte Otto die Nähe seiner Familie. Sein Vater Matthias war für ihn allerdings nicht mehr zu erreichen. Ob die zunehmenden ehelichen Zwistigkeiten zwischen Annemarie und Matthias auch mit Otto zu tun hatten, kann nicht mit letzter Sicherheit gesagt werden. Dass Matthias vom Gedanken des „unerwünschten Lebens“[104] beeinflusst war, den die Nationalsozialisten vertraten, schloss seine älteste Tochter Ria aus.

Im Alter von 30 Jahren wurde Otto in einer Klinik in Landeck auf einer geschlossenen Station untergebracht. „An allen Türen im Haus fehlten die Türklinken, es war wie ein Gefängnis. In einem voll belegten Saal mit mindestens 20 Betten fanden wir Otto in einem Gitterbett liegend, stumm und teilnahmslos, er sah erbärmlich aus“[105], so seine Schwester. Er sei auch schon einmal in eine Gummizelle gesperrt worden, als er heftig opponierte. Da Annemarie ihm einen erneuten Klinikaufenthalt ersparen wollte, bat sie Verwandte aus Stuttgart um eine vorübergehende Aufnahme ihres Sohnes. Aber auch hier fand sich Otto nicht zurecht.[106] Die Polizei griff ihn schließlich an Weihnachten umherirrend und hoch fiebernd in der Innenstadt auf.

Man kann annehmen, dass die Scheidung seiner Eltern, die schließlich 1962 vollzogen wurde, für Otto nicht einfach war. Nach den gefahrvollen Erfahrungen der Flucht und Gefangenschaft sehnte er sich nach einem verlässlichen Umfeld. Darüber hinaus gab es Streitereien wegen des Lastenausgleichs, den Otto erhalten hatte. So wurde er zum Spielball der unterschiedlichen Positionen. Ein Landesobermedizinalrat gab im Jahre 1965 beim Amtsgericht zu Protokoll, dass Otto sozial abgeglitten sei und immer wieder dazu neige, zu vagabundieren. Er leide auch unter Sinnestäuschungen, die imperativen Charakter hätten. Er sei interesse- und initiativlos und man könne ihm nur einfachste Arbeiten wie das Straßenfegen zumuten. „Es ist mit Sicherheit zu erwarten, dass er bei freier Entfaltungsmöglichkeit und auf sich selbst gestellt, wieder völliger Verwahrlosung anheimfällt. Zum Wohle des Kranken ist seine weitere Betreuung in einem psychiatrischen Krankenhaus bis auf nicht absehbare Zeit notwendig.“[107] Zunächst wurde Annemarie selbst Ottos Vormund, dann ihre Tochter Friedl. Als diese 1970 Europa verließ, da ihr Mann eine Arbeitsstelle in Chile annahm und sie ihn begleitete, ging die Verantwortung für Otto auf die älteste Tochter über.

Otto machte sich zwischenzeitlich sowohl innerhalb der Anstaltsräume als auch auf den Gartenwegen nützlich. Auch wenn er sehr wortkarg war, gab er immer gern Auskunft, wenn man ihn auf seine Blumen und seine Tätigkeit im Klinikgarten ansprach. Er liebte seine Blumen und war der festen Überzeugung, dass er eine wichtige Arbeit verrichte. Er machte es wie Beppo, der Straßenkehrer aus dem Buch *Momo* von Michael Ende: bei jedem Atemzug einen Besenstrich und dann eine kurze Pause.

Otto selbst war der Meinung, dass sich sein Gesundheitszustand wesentlich gebessert habe. Es sei für ihn durchaus möglich, einer Erwerbsarbeit nachzugehen.

Wenn seine Mutter ihn zu sich einlud, dann nur unter der Bedingung, dass er gewaschen und rasiert war; so durfte er sie auch in die Kirche begleiten. Er hielt sich daran.[108]

Im Verlaufe seines weiteren Lebens konnte er aber keiner geregelten Arbeit nachgehen, weder eine Wohnung noch Geld sein Eigen nennen. Die Erfahrungen, die er in seiner Kindheit und Jugend gemacht hatte, legten sich wie ein Passepartout über alle Vorkommnisse, die noch folgen sollten.

Zu den Kindern seiner Geschwister entwickelte er ein ausnehmend gutes Verhältnis. Ihre Geburts- und Namenstage waren in seinem Kopf fest verankert und er bereitete hingebungsvoll Geschenke für ihre persönlichen Feiertage vor. Außerdem war er geschickt in allen möglichen Spielen, die ihm Rosina beigebracht hatte. „Wenn ich mit ihm Brettspiele gespielt habe, habe ich immer verloren", musste sein Neffe Stefan zugeben. „Aber wenn er Geld geschenkt bekam, lief er in die nächste Spielhölle, um es auszugeben. Oder wenn er eine Uhr zu Weihnachten geschenkt bekam, verkaufte er sie zu einem viel zu niedrigen Preis."[109] Vielleicht auch, weil Geld ihm einen größeren persönlichen Spielraum eröffnete als eine Zeitangabe.

Da Otto nicht mehr in die Klinik zurück wollte, organisierte Annemarie für ihn schließlich einen Heimplatz in einem gut geführten Seniorenheim in Bad Honnef. Er dürfte mit 54 Jahren der jüngste Bewohner des Heimes gewesen sein, aber auch hier brachte Otto irgendwann die anderen Bewohner gegen sich auf. Dennoch lebte er dort bis zuletzt.

Oft erkundigte er sich bei seiner ältesten Schwester nach seinem Vater. Sie brachte es nicht übers Herz, ihm zu sagen, dass er ihn überhaupt nicht sehen wollte, ja, dass er ihn sogar völlig abgeschrieben hatte. Ständig erfand sie irgendwelche Ausflüchte, um ihn nicht zu verletzen. Wichtig waren Otto die postalischen Grüße anlässlich der Feiertage für die ganze Familie. „Er freute sich über jeden Gruß und nahm Anteil an allen Familienereignissen."[110] Sein Blatt sollte sich auch später nicht mehr zu seinen Gunsten wenden. Er stand mit dem Rücken zur Wand.

V. Plötzlich Bundestagsabgeordnete

Typen? – Ich gehöre auch zu diesen Typen!
So eine Type bin ich auch!
(Annemarie Ackermann)

Fast wie die Jungfrau zum Kind

Im 20. deutschen Bundestag beträgt der Frauen-Anteil an Abgeordneten knapp 35 Prozent. Als Annemarie Ackermann in den zweiten Bundestag kam, betrug der Frauen-Anteil gerade mal 8,8 Prozent.

In dieser Wahlperiode setzte die CDU Annemarie Ackermann (unter Protegierung von Landrat Friedrich Martin Graß) – zu ihrer eigenen Überraschung – auf Platz 10 der Landesliste Rheinland-Pfalz. Anders als viele ihrer Landsleute sprach sie sich auch gegen Sonderlisten für Geflüchtete in der Politik aus und stellte sich damit gegen den BHE, den Bund der Heimatlosen und Entrechteten, in dessen Reihen sich viele ehemalige NS-Funktionäre versammelten.

Ackermann war auch Mitglied der dritten Wahlperiode, in der die weibliche Beteiligung auf 9,2 Prozent anstieg. Aufgrund eines schlechten Wahlergebnisses der CDU gelang ihr im Jahre 1961 (4. Wahlperiode) zunächst kein erneuter Einzug in den Bundestag, obwohl sie auf der Landesliste Platz 7 erreicht hatte. Erst zu Beginn des Jahres 1965 erhielt sie die Gelegenheit, für einen ausscheidenden Kollegen bis zum Ende der Wahlperiode nachzurücken. Danach arbeitete sie bis zu ihrer Pensionierung als Referentin für „Gastarbeiterfragen“ im Presse- und Informationsamt der Bundesregierung in Bonn.

Zwar ist die Gleichberechtigung zwischen den Geschlechtern im Grundgesetz fest verankert. Jedoch wurden und werden Frauen, die politisch aktiv sind, immer noch nach strengeren Kriterien bewertet. Sie müssen mehr leisten, und auch ihr Äußeres spielt eine größere Rolle. Ebenso wie ihre persönlichen Umstände, ihr Familienstand und ihre Kinderzahl. Darüber hinaus macht es einen Unterschied, ob sich junge Frauen engagieren, Frauen mit Migrationshintergrund, Frauen mit oder ohne Kinder, Frauen mit oder ohne Pflegeverantwortung – ganz abgesehen von weiblichen Geflüchteten, die ebenfalls wieder mehrere Rollen einnehmen können. Ihre Hürden im Hinblick auf politische Teilhabe sind unterschiedlich hoch.

Sehr wahrscheinlich hing Annemarie Ackermanns Nominierung, die sie selbst als Ehre empfand, mit einer Verteidigungsrede für Konrad Adenauer zusammen, die gar nicht geplant war: „Na un no bin ich in Kreisausschuss kumme, no in Bezirksausschuss un a no bal in Landesausschuss odr wie es hajßt. Un dert hat mol ani a Red ghalde un uf dr Adenauer gschimpft. Nit weil sie gschimpft hot, weil sie ungrecht gschimpft hot, bin ich no bes ware. ‚Ich will a was sage' un hab mich gmeld. Un weil ich grad so fuchtich war, no isch des a zimlich frisch vun dr Lewr weg gange. Und seit dere Zeit hän die mich gern. Un wie sie neilich die Lischt zamgestellt hän, hän sie mich druf un hän mich gar nit gfrogt. Un weil ich jetzt schun druf bin, isch's mr a recht."[111]

Annemarie Ackermann war eine weibliche Geflüchtete, eine Displaced Person ohne deutsche Staatsangehörigkeit. Als man auf einem Wahlplakat der Donauschwaben für sie warb, hieß es, es sei durchaus „ungewöhnlich", im Bundestag nun von einer Frau vertreten zu sein. Annemarie Ackermann wurde sogar als „Maria Theresia der Donauschwaben"[112] bezeichnet.

Natürlich hatte sie einen weitaus geringeren Einflussbereich, aber dennoch waren viele ihrer Entscheidungen mit Blick auf die Gesetzesentwürfe der Nachkriegszeit für die Zukunft durchaus bedeutsam. Weiter hieß es in dem Wahlaufruf:

„Ist unser Problem nicht gerade ein Problem der Frauen? [...] Haben wir nicht Zehntausende, die heute, allein und auf sich gestellt, sehen müssen, wie sie ihre Kinder durchbringen? Ist es da nicht recht, dass wir diesmal eine Frau als Sprecherin haben?“ Und: „Donauschwäbische Frauen! Ihr befasst euch nicht mit Politik. Ihr habt auch in der Vergangenheit bei Wahlen nicht gestimmt. In Westdeutschland seid ihr wahlberechtigt. Stimmt jetzt für eine von euch. Stimmt für eine, die mit euch allen gleich ist, das Gleiche durchgemacht hat und mit dem Gleichen wie ihr fertig werden muss! Stimmt jetzt alle!“[113]

Annemarie Ackermanns spontane Rede innerhalb des Landesausschusses war sicher eine gute Voraussetzung für ihren politischen Start. Bei keiner ihrer Reden, die sie anlässlich der Wahlveranstaltungen führte, benötigte sie ein Manuskript. Sie sprach frei, mitreißend und fand ihre Worte mühelos. Sie war auch keine jener Frauen, die den Sprung ins Parlament über das Ableben eines Kollegen schaffte. Sie war auch keine Alibi- oder Proporzfrau. Und sie geriet auch nicht durch mutige modische Raffinessen in die Schlagzeilen – wie Lenelotte von Bothmer, die als erste Parlamentsabgeordnete ihren Rock gegen eine Hose eintauschte und deshalb prompt in den Nachrichten landete.

Nach ihrem Wahlsieg im Oktober 1953 musste alles sehr schnell gehen. Die Schneiderin fertigte eilig zwei Kleider und einen Mantel aus jenen dunklen Stoffen, die Rosina Annemarie hinterlassen hatte. Voll Zuversicht streifte sie die beschwerliche Vergangenheit ab und schlüpfte in ihre neue Kleidung. Mit ihrer Rolle als parlamentarische Abgeordnete freundete sie sich allerdings erst nach und nach an. In den Hotels verlangte sie zu Beginn das günstigste Zimmer, ihre wenigen Habseligkeiten packte sie immer wieder in einen einzigen Koffer und wagte nicht zu fragen, ob die Zahlung, die sie erhielt, eine jährliche oder eine monatliche war. An dem Tag, an dem sie ihren Abgeordnetenausweis erhalten hatte, lief sie direkt in die Kaufhalle, um für ihren jüngsten Sohn endlich ein Kopfkissen zu kaufen und für alle zusammen zwei Kilo Fleisch „zum Sattessen“.[114] Es seien die Sorge und die Verantwortung für die vielen schwachen und alten Menschen gewesen, besonders für die Frauen und Mütter, die sie veranlasst habe, dieses Amt anzunehmen. Die Situation sei schwierig gewesen, so Annemarie Ackermann. Es gab Millionen Heimatvertriebene, die in ein zerschlagenes Land kamen und in dem ein jeder mit sich selbst genug zu tun hatte, „um das volle Verständnis für den Nächsten aufzubringen“.[115] Not und Elend hätten die moralischen Kräfte zum Teil überdeckt. Viele Einheimische hatten auch Angst vor einer „Überfremdung“ durch die Geflüchteten, die aus ihnen unbekannten Ländern kamen.

Der ehemalige Jesuitenschüler, Sympathisant und Unterstützer der sogenannten „Erneuerungsbewegung“ in der Batschka sowie spätere FDP-Politiker Josef Trischler[116] (1903–1975), der 1949 in den ersten Bundestag gewählt worden war, war sogar regelrecht verärgert darüber, dass Annemarie Ackermann in der zweiten Wahlperiode das parlamentarische Ruder übernehmen sollte. Er setzte sich im Anschluss an die Bekanntgabe der Wahlergebnisse nicht neben sie, sondern stieg quer über eine Bank ohne Lehne. Er wandte ihr den Rücken zu und würdigte sie keines Blickes. Er war es, der die Entschädigungsansprüche seiner Landsleute erstmals formuliert hatte. Er hatte, so fand er, die „Kernarbeit“ geleistet, und er genoss auch unter allen Parlamentariern eine Sonderstellung. Er war nämlich der einzige Abgeordnete, der in die Parlamente von drei verschiedenen Ländern eingezogen war, in Belgrad, Budapest und jetzt in Bonn. Nun aber war es Annemarie Ackermanns Aufgabe, seine Ergebnisse in die Gesetzgebungsverfahren einzubringen.

Auch der Verbandsfunktionär Franz Hamm (1900–1988), der einst der Erneuerungsbewegung ebenfalls positiv gegenüberstand,[117] fand sich erst allmählich auf dem Boden der Tatsachen zurecht. Bald nutzten die beiden allerdings ihren Einfluss, um bestimmte Themen voranzubringen.[118] Sowohl Josef Trischlers als auch Franz Hamms Einfluss waren nach dem Zweiten Weltkrieg jedoch nicht unumstritten. Ihnen wird nachgesagt, sie hätten vorgeschlagen, die deutsche Volksgruppe an der Verteilung des jüdischen Vermögens zu beteiligen.[119]

Annemarie hatte auch einen persönlichen Referenten, Johann Adam Stupp (1927–2021), der sich zu einem späteren Zeitpunkt für die gewerkschaftliche Bewegung einsetzte. Stupp war ihr loyal zugetan, teilte ihre Liebe zur österreichischen Bundeshauptstadt Wien und unterstützte sie in allen organisatorischen Belangen. Gute Kontakte pflegte sie auch zum Bundesvorsitzenden der Siebenbürger Sachsen, Erhard Plesch (1910–1977) sowie zur Sozialpolitikerin Maria Probst (1902–1967),[120] die unter anderem die erste weibliche Bundestagsvizepräsidentin wurde. Ihr engster Vertrauter aber war – gerade in der Anfangszeit – Stefan Kraft, der Mitbegründer des Schwäbisch-Deutschen Kulturbundes und Kontrahent der vermeintlichen „Erneuerer", als deren wahrer Besieger er sich erwiesen hatte.

Als Annemarie Ackermann ihre ersten Sprechstunden in den Städten der Pfalz abhielt, bildeten sich lange Schlangen vor ihrer Tür. Oft waren die Verzweifelten auch einfach nur froh, sich ihren Kummer von der Seele reden zu können. Annemarie Ackermann unterstützte die Menschen auch bei Lastenausgleichs- oder Rentenangelegenheiten. Sie klärte über jede Art von finanzieller Hilfe auf. Manchmal half sie sogar dabei, Beschwerden zu formulieren. Hin und wieder wurden ihr sehr persönliche Details erzählt, in der Hoffnung auf einen Rettungsanker. An manchen Tagen dauerten die Sprechstunden bis zu drei Stunden länger als geplant, und im Anschluss daran quoll ihr Postfach meist über.

In Österreich hielt sie in ihren Parlamentsferien Sprechstunden ab, denn hier lebten ebenfalls viele Geflüchtete, denen sie beistehen wollte. Sie beriet in der Praxis eines Dentisten, den ihr Mann noch ausgebildet hatte. In seinem Wartezimmer saßen nun Menschen, die nicht von Zahnweh, sondern von anderen Anliegen geplagt wurden. Neben Fragen der Familienzusammenführung gab es auch hier viele Fragen rund um den Lastenausgleich, denn die deutsche Staatsbürgerschaft, die ihnen später zuerkannt wurde, half den rund 18 000 in Österreich verbliebenen geflüchteten Deutschen nicht. In der Politik wirkte Annemarie Ackermann zuweilen angepasst. Privat jedoch wurde ihre Persönlichkeit augenfälliger: Sie war eher laut als leise, eher durchsetzungsstark als nachgiebig, eher pflichtbewusst als selbstbezogen. Ihr Neffe Stefan bezeichnet sie deshalb auch in leichter Abwandlung einer bekannten Fernsehserie als „herzlich, aber hart". Im Sommer, wenn sie sich als Kinder nach einer kühlen Erfrischung gesehnt hätten, habe sie ihnen warmes Wasser serviert – weil das besser gegen den Durst sei. Oder sie empfahl ihren Enkeln, ihre Milch mit Haut zu trinken – weil das eine Delikatesse sei. Empfindlichkeiten, die sie sich selbst verbot, konnte es auch für ihre Kindeskinder nicht geben.

Die politischen Problematiken waren facettenreich, die gesellschaftlichen und wirtschaftlichen Fragestellungen eng verflochten. Wesentliche parlamentarische Entscheidungen wurden daher in Fachausschüssen vorbereitet. Mit unterschiedlichem zeitlichen Aufwand engagierte sich Annemarie Ackermann in verschiedenen Gremien:

1953 | Sie ist in der zweiten Wahlperiode[121] Mitglied in fol genden Ausschüssen:

- Ausschuss für Kriegsopfer- und Heimkehrerfragen
- Ausschuss für Lastenausgleich
- Ausschuss für öffentliche Fürsorge

– Ausschuss für das Gesundheitswesen
– Ausschuss für Heimatvertriebene
In dieser Zeit ist sie auch Teil der Delegation unter Konrad Adenauer, welche die Befreiung der Gefangenen aus Russland erwirkte (1955). Außerdem reist sie 1956 durch die USA, auf Einladung ausgewanderter Donauschwaben.

1957 | Während der dritten Wahlperiode[122] ist sie Mitglied in folgenden Ausschüssen:
– Ausschuss für Kriegsopfer- und Heimkehrerfragen
– Ausschuss für Lastenausgleich
– Ausschuss für Heimatvertriebene
– Verteidigungsausschuss
1959 wird Annemarie Ackermann in Stuttgart für zwei Jahre zur Bundesvorsitzenden der jugoslawiendeutschen Landsmannschaft gewählt. Im selben Jahr ist sie Teil einer Good-Will-Delegation, die nach Afrika reist. Gegen Ende der dritten Wahlperiode wird die Berliner Mauer errichtet (August 1961).

1965 | Ackermann rückt am 16. Januar in den vierten Deutschen Bundestag[123] für den ausgeschiedenen Gerhard Fritz nach (bis 17.10.1965). Sie war Mitglied in folgenden Ausschüssen:
– Ausschuss für Heimatvertriebene (Januar–Oktober)
– Ausschuss für Wiedergutmachung (Januar–Oktober)
Ab Oktober 1965 bis 1978 ist Annemarie Ackermann Referentin für „Gastarbeiterfragen“ im Presse- und Informationsdienst der Bundesregierung.

Annemarie Ackermann, die bis zu ihrer Nominierung, stets den günstigen Zeitpunkt in einer Situation erkennend, vor allem „auf Sichtkontakt“ handelte, war nun gezwungen, aus einem anderen Zeitverständnis heraus zu agieren. Zwar hatte sie auch zuvor eine Menge Termine einzuhalten und pflegte immer eine gewisse Akkuratesse, im Laufe ihrer politischen Tätigkeit fühlte sie sich aber zunehmend zur Eile getrieben. Und dennoch ergaben sich völlig neue Optionen, da die Entscheidungen, die getroffen werden mussten, eine gutes zukünftiges, gesellschaftliches und vor allem nachhaltiges Miteinander ermöglichen sollten.

Ackermann kommt vor Adenauer

„In diesem Kreis sind auch Sie ein Herr!", entgegnete Bundeskanzler Konrad Adenauer seiner ersten weiblichen Ministerin Elisabeth Schwarzhaupt (1901–1986), als diese ihn aufgrund ihrer Anwesenheit ermahnte, die Anrede „Morjen, meine Herren" um eine weibliche Anrede zu ergänzen.[124] Es war aber nicht nur der Nimbus des Patriarchen, der ihn charakterisierte. Als erster Bundeskanzler der Nachkriegsgeschichte machte er sich einen Namen als Visionär Europas und strengte die Westbindung an. Es war ihm ein Anliegen, die deutsch-französische Erbfeindschaft zu beenden – und in Hinblick auf seine politisch unbelastete Vergangenheit galt er als politisch unverdächtig.

Den Nationalsozialisten war Adenauer stets ein Dorn im Auge, sie hatten immer neue Gründe für seine Verhaftung oder Festnahme gesucht. Sie waren sogar am Tod seiner Frau Auguste („Gussie") indirekt beteiligt, da sie sie zwangen, sein Versteck preiszugeben. Ihr früher Tod ist vermutlich auf eine Medikamentenüberdosis zurückzuführen, da sie sich diesen Verrat nicht verzeihen konnte.

Sowohl Konrad Adenauer als auch Annemarie Ackermann waren vielen existenziellen Situationen ausgesetzt. „Ich habe in meinem eigenen Leben viel Not erfahren und in den Jahren meiner Tätigkeit im Bundestag viel Not gesehen. Es ist für mich aus diesem Grunde ganz selbstverständlich, dass ich all denen, die Hilfe brauchen, wie in den vergangenen Jahren auch in Zukunft gern im Rahmen meiner Möglichkeiten helfen werde", so die Politikerin.[125]

Pragmatismus und Idealismus gingen bei ihr Hand in Hand. In einer Rede in Bad Reichenhall bat sie ihre Landsleute, an dem Ort zu bleiben, an dem sie sich nun befänden: „Bleibt dort, wohin ihr kommt. Fasst Wurzel und beginnt ein neues Leben mit allem Mut, den ihr noch habt."[126] Sie versprach, dass sie für sie in allen ihren Anliegen da sein werde. Die existenzielle Betroffenheit als Motiv, sich politisch zu engagieren, teilte sie auch mit ihrer Kollegin Maria Probst, wobei die in München geborene Politikerin in die Fußstapfen ihres politisch aktiven Vaters treten konnte. Während Probst für Konrad Adenauer die „teuerste Frau des Bundestages" war, bezeichnete er Annemarie als „fleißige Ameise". An dieser Stelle wäre es natürlich auch interessant zu wissen, mit welchen Bezeichnungen er seine männlichen Abgeordneten versehen hatte.

Adenauer plante, die Vertriebenen, welche die unnachahmliche Gabe besaßen, auf ihrem Recht zu beharren – diese Fähigkeit mussten sie sich als Minderheit außerhalb Deutschlands aneignen –, zu einer entpolitisierten Erlebnisgemeinschaft werden zu lassen. Man solle sie so weit zufriedenstellen, dass es für sie keinen Grund gab, sich zu beklagen. „In der Bundesrepublik haben wir uns große Mühe gegeben", so Konrad Adenauer im Jahr 1955, „den Vertriebenen und Flüchtlingen zu helfen. Wie weit wir auch eine neue Heimat zu geben vermochten, das kann nur der Einzelne für sich selbst beantworten. […] Das Bundesvertriebenengesetz und das Lastenausgleichsgesetz nenne ich als die bedeutsamsten gesetzlichen Grundlagen, die es Millionen der Vertriebenen und Flüchtlinge ermöglichen werden, ihr Leben in einer neuen Umwelt wieder lebenswert zu gestalten."[127] Annemarie Ackermann war über sämtliche Wahlperioden hinweg mit diesen Themen befasst.

Ein Thema, das sich ebenfalls immer wieder stellte, war die deutsch-deutsche Wiedervereinigung. Die meisten Länder Europas empfanden Deutschland nicht als bedrohlich, solange es geteilt blieb. „Jeder weiß, dass die Wiedervereinigung Deutschlands die Wiederherstellung von Spannung und europäischem Krieg bedeutet. Die Sicherheit unseres Lebens und des Lebens unserer Kinder hängt davon ab, dass die Teilung aufrechterhalten bleibt", so Lord George Edward Cecil Wigg, ehemaliger Abgeordneter der britischen Labour-Party.

Auch Konrad Adenauer zog die Westbindung der Wiedervereinigung vor. Annemarie Ackermann gab hingegen anlässlich der Gedenkstunde zum Volksaufstand in der DDR vom 17. Juni 1953 ein Bekenntnis zu ihren Schwestern und Brüdern im Osten ab. Dieses Datum stehe unter der Forderung nach Selbstbestimmung und Wiedervereinigung. „Es ist ein Tag der Besinnung und des Erinnerns an den großen Aufstand in der Zone. […] Die Opfer jenes Tages legen uns alle die Verantwortung für das gesamte Deutschland auf",[128] so Ackermann.

Einer der strategischen Kompromisse Adenauers bestand in der Aufnahme diplomatischer Beziehungen zur Sowjetunion im Jahr 1955. Dies war mit Blick auf die deutschen Kriegsgefangenen nötig. Ein gerütteltes Maß an Trinkfestigkeit und Verhandlungssicherheit vervollständigte Adenauers Winkelzug. In der Delegation, welche die Freilassung der Gefangenen bewirken sollte, befand sich auch Annemarie Ackermann. Niemand könne sich eine Vorstellung von dem schwierigen Ausmaß der Verhandlungen machen, berichtete sie. Wenn zu Beginn der Gespräche die deutsche Delegation das Thema der Kriegsgefangenen berührte, hätten die russischen Verhandlungspartner – an deren Spitze Bulganin und Chruschtschow – ihre abweisenden Gesichter aufgesetzt und vor unterdrückter Wut gezittert. Erst in allerletzter Sekunde, kurz vor dem Rückflug der Deutschen, hätten die Russen nachgegeben.[129]

Es ist nicht bekannt, ob Annemarie Ackermann bei jenen Empfängen dabei war, bei denen die Delegationsmitglieder keinem Trinkspruch auswichen und sich somit aus Sicht der russischen Politiker als respektable Partner erwiesen. Auf einem der Fotos ist Konrad Adenauer auf der Veranda einer Datscha verschmitzt lächelnd zu sehen – beidseitig die Hände verschränkt mit Bulganin und Chruschtschow.[130] Er hatte sich auf ein mündliches Ehrenwort Bulganins eingelassen, auch wenn die Mehrheit seiner Berater dagegen war, allen voran Clemens von Brentano und Walter Hallstein. Doch Adenauers unkonventionelles Denken zahlte sich aus. Die Öffentlichkeit feierte ihn schließlich dafür, dass er 9626 Kriegsgefangene und 20 000 Zivilinternierte auf diese kühne Weise befreien konnte.

Als Konrad Adenauer bei der ersten namentlichen Abstimmung im Bundestag wie gewohnt als Erster an die Wahlurne schritt, wurde er von den Wahlhelfern zurückgehalten: „Herr Adenauer, Frau Ackermann ist im Alphabet vor Ihnen dran.“ Die Erstgenannte zu sein, sicherte Annemarie Ackermann eine gewisse Popularität, auch in der Bevölkerung. Es hätte sogar die Chance bestanden, gemeinsam mit Maria Schwarzhaupt die zweite weibliche Ministerin zu werden. Da der Vertriebenenminister Theodor Oberländer – aufgrund seiner Rolle in der NS-Zeit – zurücktreten musste, wurde 1960 eine Interimsbesetzung des Ministerpostens nötig. Unter den Anwärterinnen und Anwärtern für diesen Posten befanden sich neben Annemarie Ackermann zwei weitere Frauen, nämlich Lena Ohnesorge (1898–1987) und Else Brökelschen (1890–1976).

Nur wenige Ressorts eigneten sich nach landläufiger Meinung dazu, von einer Frau geführt zu werden. Das Vertriebenenministerium gehörte dazu. „Nach den in Bonn angestellten

Erwägungen würde Adenauer nicht allzu viel riskieren, wenn er eine Frau als ‚Interimsminister' für den Rest der Legislaturperiode – also bis September 1961 – berufen würde. Danach könnte er sich's ja wieder anders überlegen", ließ die *Deutsche Zeitung* verlauten.[131] Die Vakanz bestand von Mai bis Oktober 1960. Dennoch entschied sich Konrad Adenauer für eine männliche Besetzung. Hans-Joachim von Merkatz (1905–1982) wurde schließlich bis zum Ende der Wahlperiode zum Bundesminister für Vertriebene, Flüchtlinge und Kriegsgeschädigte ernannt. Mit seiner „Schwamm-drüber-Mentalität" sprach sich dieser allerdings nicht nur gegen die Entnazifizierung aus, sondern äußerte sogar Bedenken gegen das Bundesamt für Verfassungsschutz.

Kurz zuvor, also 1957, forderte Elisabeth Schwarzhaupt, den Gehorsamkeitsparagrafen 1354 des Bürgerlichen Gesetzbuches abzuschaffen. Der Paragraf 1628 forderte von den Frauen darüber hinaus, ihrem Gatten in strittigen Fragen der Kindererziehung das letzte Wort zu überlassen. Es wurden somit in dieser Zeit Paragrafen abgeschafft oder überarbeitet, an die sich Annemarie Ackermann ohnehin nie hielt: Sie gehorchte in aller Regel nur sich selbst, organisierte ihr Leben und das ihrer Familie eigenständig, lotste ihre Kinder verantwortungsbewusst durch die Wirren des Krieges, grub sich mit ihnen durch die Trümmer wieder ans Tageslicht und hatte auch in Erziehungsfragen das letzte Wort.

***

„Ihr seid ausschließlich mit Merkel aufgewachsen", stellte vor Kurzem ein Vater fest, als er mit seiner heranwachsenden Tochter über Politik sprach. „Als ich geboren wurde, war Adenauer noch im Kanzleramt." Die Tochter war neugierig und wollte mehr über Adenauer wissen: „Und – war sie gut?"

Annemarie Ackermanns Engagement für Frauen

Der Nationalsozialismus hatte alles, was die Frauenbewegung in Deutschland bereits auf den Weg gebracht hatte, wieder zerstört. In den 1950er Jahren bestand schließlich die Aufgabe der Frau nur mehr darin, ihrem Mann ein Heim zu schaffen, in das er nach des Tages Arbeit gern zurückkehrt. Die Umgangsformen im Bundestag von Männern gegenüber ihren weiblichen Kolleginnen schwankten zwischen übertriebener Galanterie und feinen, unterschwelligen Anspielungen. Die Anrede „gnädige Frau“ wurde meist abschätzig gebraucht.[132] Annemarie Ackermann wurde mehrmals mit „Na, Mädchen“ angesprochen. Dabei klopfte man ihr jovial auf die Schulter.

Dennoch steuerte sie weiterhin ihren Wagen und ihr Leben selbst. Als berufstätige Frau war sie zwar selbst nicht vom Gender-Pay-Gap betroffen – mittlerweile verdiente sie mehr als ihr Mann –, aber innerhalb der Europäischen Frauen Union (EFU) bzw. European Union of Women (EUW), der sie ab 1956 angehörte, war dies durchaus Thema. Gleichwertige Arbeit, so der Tenor, sollte auch gleichwertige Entlohnung bedeuten; auch innerhalb der Europäischen Gemeinschaft sollte am selben Strang gezogen werden. Dennoch war sie in einigen Bereichen durchaus von traditionellen Rollenerwartungen geprägt. So war es ihr ein Anliegen, das Menschliche in die Politik zu bringen. Diese Haltung entsprach jener der Europäischen Frauen Union: „Europas Seele ist krank. Die Frau muss ihr gesundes Herz hineintragen.“[133]

In der Europäischen Frauen Union war sie erste Vorsitzende der Flüchtlingskommission. Dieses internationale Frauenteam dachte auch über die Bedingungen des Friedens nach. Den schrecklichen Erlebnissen des Zweiten Weltkriegs war es geschuldet, dass sie sich an Winston Churchills „We must build a kind of United States of Europe“ orientierten. In diesem Kontext beteiligten sie sich sowohl an internationalen als auch an europäischen Debatten. Die erste Generalversammlung der Union fand 1955 in Den Haag statt. Lola Solar (1904–1989) wurde deren erste Präsidentin.[134] Das Anliegen der Gruppe bestand darüber hinaus darin, christlich-demokratisches und christlich-soziales Gedankengut sowohl auf europäischer als auch auf internationaler Ebene zu vertreten sowie gegnerische Strömungen zu beobachten. Sie strebten auch eine Vernetzung mit Frauen an, die ähnliche Ziele verfolgten.

Gegner des europäischen Einigungsgedankens waren die kommunistischen Parteien. Sie planten demgegenüber eine neue Kommunistische Internationale. Jene stellten in Ländern wie Griechenland oder Italien eine nicht zu ignorierende Größe dar, so Annemarie Ackermann. Sie berichtete von einer Tagung der Europäischen Frauen Union im September 1963 in Rom: „Anlässlich dieser Tagung hatte ich Gelegenheit, mit Frauen aus der Schweiz, Holland, England und Österreich über die ‚Gastarbeiter'-Probleme zu sprechen. Dabei erwies sich, dass die kommunistische Agententätigkeit besonders in der Zeit vor den Wahlen in Italien in allen Ländern sehr stark war."[135] Durch den wachsenden Einfluss der UdSSR senkte sich der eiserne Vorhang zunehmend auf Mittel- und Osteuropa. An eine gesamteuropäische Einigung war nicht mehr zu denken.

Um die Position der Frauen zu stärken, trat Ackermann außerdem in die „Überparteiliche Arbeitsgemeinschaft der Wählerinnen" ein. Diese Gruppe ermutigte Frauen dazu, politische Verantwortung zu übernehmen. Als ihre besondere Aufgabe betrachtete sie es, das Vertrauen der Öffentlichkeit in die Arbeit der Parlamente zu fördern. Durch eine Zusammenarbeit mit den Abgeordneten der verschiedenen demokratischen Parteien sollte der politischen Frauenarbeit der notwendige Rückhalt in den Kreisen der Wählerinnen und Wähler verschafft werden. Annemarie Ackermann war bewusst, dass sie selbst als verheiratete Frau mit fünf Kindern eine Ausnahme unter den Parlamentarierinnen darstellte. Die meisten ihrer Kolleginnen waren ungebunden oder zumindest kinderlos und konnten sich ihrer Aufgabe mit einem anderen zeitlichen Budget widmen. „Mir selbst bleibt kaum Zeit für den Haushalt", erwähnte sie einmal einem Reporter gegenüber. Das stimmte nur bedingt, denn sie kochte gut und gern Djuvec, Sarma oder Szegediner Gulasch. Sie machte auch Topfenpalatschinken und wusste, wie man Griesnockerl zubereitet, außerdem war sie Spezialistin für Topfen- und Kirschstrudel. Und wenn sie Gäste bewirtete, wartete sie nicht auf deren Lob, sondern eröffnete die Runde mit einem munteren: „Heute schmeckt's mal wieder."

Den Hausfrauen jener Zeit rief sie zu, sich dessen bewusst zu sein, dass sie durch ihr Kaufverhalten einen großen Einfluss auf die Wirtschaft und die Preisgestaltung hätten. Und was die Gesetze betreffe, welche die Jugend und die Familie anbelangen, so bekräftigte sie: „Ich weiß aus eigener Erfahrung, wie ich mich bei der Abstimmung über Gesetze zu entscheiden habe, welche die Familie und die Jugend betreffen."[136] Ins Dauernörgeln über die Jugend stimmte sie nicht mit ein: „Die Jugend ist nicht schlechter, sie hat aber mehr zu kämpfen. Sie lebt nicht mehr in der wohlbehüteten Großmütterchenzeit."[137] Damit sprach sie auch indirekt den Grund für die Erschöpfung der Frauen an. Die Allzuständigkeit und die zunehmende Vereinzelung der Kernfamilie waren ein Grund hierfür. Dass es auch eine gewisse Enttäuschung für sie darstellte, dass ihr Gatte sich nicht mit ihr über ihren beruflichen Erfolg freuen und nur als Prinzgemahl eine Rolle spielen konnte, ließ sie dabei unter den Tisch fallen.

Zusammenfassend kann festgehalten werden, dass es zu Annemarie Ackermanns tiefster Überzeugung gehörte, etwas für die Frauen in der Bundesrepublik und in Europa tun zu müssen. Dabei blickte sie durchaus über den politischen Tellerrand; zum einen, indem sie, parteipolitische Grenzen überschreitend, die parlamentarische Arbeit *aller* Frauen unterstützte, und zum anderen bewegte sie sich auf einer supranationalen Ebene, indem sie mit Frauen aus verschiedenen Ländern kooperierte. Wie viel sie im Gremium der Europäischen Frauen Union tatsächlich bewirken konnte und wie viel das Gremium aktuell bewirkt, bleibt weiterer Forschung überlassen.

Darüber hinaus engagierte sie sich für zahlreiche Einzelpersonen aus Osteuropa. Darunter befanden sich Ordensfrauen, aber auch Priester aus Rumänien, unter anderem die Benediktinerin Hildegardis Wulff, die nach der kommunistischen Machtergreifung verhaftet wurden. Für deren Freilassung setzte sie sich erfolgreich beim Auswärtigen Amt ein.[138] Sie und weitere Ordensleute wurden im Austausch gegen zwei rumänische Spione an der Glienicker Brücke zwischen Berlin und Potsdam freigelassen.

„Es geht mir nicht um die Waffen“ Verteidigungsausschuss

Durch den Eintritt in die NATO band sich die noch junge Bundesrepublik an den Westen. Im selben Jahr entstand das Militärbündnis des Warschauer Pakts, das von der Sowjetunion, Polen, Rumänien, Ungarn, Albanien, Bulgarien, der Tschechoslowakei und der Deutschen Demokratischen Republik unterzeichnet wurde. Die USA testeten ihre Atomwaffen und Russland eine Wasserstoffbombe. Der mächtigste Atomwaffentest Russlands folgte 1961. Dieser Rüstungswettlauf, in dem der Kalte Krieg seinen Höhepunkt erreicht hatte, wurde auch als „Gleichgewicht des Schreckens“ bezeichnet. Innerhalb Deutschlands kam es schließlich zu einem Schockerlebnis, als im August 1961 die Volkspolizei der DDR die Sektorengrenze zu West-Berlin mit einer Mauer abriegelte, obwohl der DDR-Staats- und Parteichef Walter Ulbricht auf einer Pressekonferenz noch im Juni verlauten ließ, dass niemand die Absicht habe, eine Mauer zu errichten.

Im Verteidigungsausschuss des Bundestages, dem Annemarie Ackermann ab 1957 angehörte, wurde fast ausnahmslos über Waffen debattiert. Man erwog eine kontrollierte Abrüstung, eine bewegliche Bodenkontrolle, darüber hinaus wurden die Möglichkeit eines atomwaffenfreien Raumes sowie Fragen der Luftverteidigung besprochen. Es wurden logistische Fragen behandelt, aber auch Forschungs- und Entwicklungsfragen auf dem Gebiet der Verteidigung. Franz Josef Strauß (CSU, 1915–1988) war in dieser Zeit, von 1956 bis 1962, Verteidigungsminister und forcierte den Ausbau der Bundeswehr.

Als Annemarie Ackermann bereits in der zweiten Wahlperiode von vielen Frauen den Einwand zu hören bekam, dass Konrad Adenauer mit seiner konsequenten Durchsetzung der Verteidigungspolitik dem Volk Soldaten und damit wiederum den Krieg bringe, entgegnete sie, dass in einem Dorf die Beschaffung einer Feuerwehrspritze auch nur als Vorbeugung gedacht sei. Ihre Beschaffung müsse keinen Brand zur Folge haben. Sie sprach sich für eine Wehrpflicht aus, die schließlich in der dritten Wahlperiode wieder eingeführt wurde: „Wenn wir mit der Wehrpflicht das verhüten können, was wir erleben mussten, dann müssen wir zustimmen.“[139] Sie besuchte das NATO-Hauptquartier in Paris und konnte sich von der tatsächlichen Partnerschaft der Mitgliedstaaten des Verteidigungsbündnisses überzeugen. „Hier habe ich auch mit Parlamentariern aus anderen Staaten sprechen und deren Meinung zu Fragen der Zusammenarbeit erfahren können.“[140]

Mitglied des Verteidigungsausschusses wurde sie auf Wunsch der Frauen ihres Wahlkreises. Den Frauen lagen weniger militärische Fragen am Herzen als die Wohnverhältnisse in den Kasernen und Fragen der Freizeitgestaltung ihrer Söhne. In diesem Sinne ging es Annemarie Ackermann nicht um die Waffen, sondern um die Menschen, die Waffen tragen. Sie war der Ansicht, dass es beim Militär aber durchaus Dinge gebe, die eine Frau besser beurteilen könne als ein Mann. Aus diesem Grund besuchte sie Kasernen, Unterkünfte, Lazarette und viele andere Einrichtungen. „Für uns geht es in erster Linie um die Frage: Können wir die Behandlung der Soldaten bejahen? Wir wollen keine verweichlichten Kinder, aber auch keinen Drill. Ich glaube jedoch, dass den Vorstellungen der Mütter zur Zeit weitgehend Rechnung getragen wird. Damit es auch weiterhin so bleibt und noch besser wird, deshalb bin ich im Verteidigungsausschuss. Die Sorge um den Menschen hat mich hier aktiv werden lassen."[141]

An anderer Stelle betonte sie: „Es geht mir nicht um die Waffen, es geht mir darum, wie es unseren Kindern da geht und was für ein Geist da herrscht und ich will da mit reinreden. Wie sie untergebracht sind und wie man mit denen umgeht und wie das da sein wird. Und wie die Führung ist und unter welchem Einfluss die stehen. Da haben wir Mütter auch ein Recht!"[142]

Einige Soldaten der Luftwaffe beschwerten sich, dass die Verpflegung nicht ausreiche. Sie müssten ihre Gefahrenprämie dafür verwenden, zusätzliches Essen zu kaufen. Als alle 21 Mitglieder des Verteidigungsausschusses eingeladen wurden, die Ausbildung der Bundeswehr-Piloten im Fliegerhorst in Fürstenfeldbruck bei München aus nächster Nähe zu begutachten, sagten die einzigen zwei weiblichen Ausschussmitglieder, Annemarie Ackermann und Cläre Schmitt (1915–2008) aus Fulda zu. Die beiden baten Franz Josef Strauß und General Kammhuber[143] einen kurzen Ausbildungskursus mit den Düsenjägern machen zu dürfen, um sich einen Überblick über die Lage verschaffen zu können. „Man muss eben selbst mitgeflogen sein",[144] davon waren sie überzeugt. Strauß und Kammhuber wollten sie von dem geplanten Flug abbringen. Sie waren der Ansicht, es könne möglicherweise ihrer Gesundheit schaden. „Wir haben die Gleichberechtigung und wir Frauen haben ein Recht, wir sind ordentliche Mitglieder des Ausschusses und wir wollen voll genommen werden"[145], entgegneten sie. Nachdem klar war, dass die Herren die Parlamentarierinnen nicht vom geplanten Flug abbringen konnten, war es ihnen ein Anliegen, die Gefahren zu minimieren: „Wählen Sie doch eine Woche im Mai, möglichst mit schönem Wetter, damit es auch etwas Spaß macht."

Mit der Maiwoche konnten sie sich anfreunden. Darüber hinaus verstanden sie es, die erforderliche ärztliche Untersuchung zu umgehen: „Ich hatte damals schon schwer mit dem Herzen zu tun. Ich hab angegeben, dass ich erst vor ein paar Tagen untersucht worden bin. Frau Schmitt sagte das Gleiche. Wir gingen dann nicht hin, und sie konnten uns ja nicht zwingen."[146] So kam es zu diesem Flug der beiden Parlamentarierinnen mit dem Trainingsflugzeug vom Typ Lockheed T-33 auf dem Fliegerhorst in Fürstenfeldbruck.

Die Crew wollte ihre Rucksäcke mit den Fallschirmen zum Flugzeug tragen, von dieser Bevorzugung wollten die beiden aber nichts wissen: „Nein, wir schleppen das Zeug selbst, es sollen genau die gleichen Bedingungen sein." In der Kleiderkammer, so berichtete Annemarie, wurden verschämt in sämtliche Taschen ihres Overalls Tüten gesteckt – falls etwas passieren sollte. „Wir wurden dann oben (in der Maschine) nochmal eingewiesen, wir mussten vorher auch schon unten üben, mit Kehlkopfmikrofon." Der Pilot war besorgt: „Frau Ackermann, wenn Sie merken, dass Sie erbrechen müssen, nehmen Sie sofort das Kehlkopfmikrofon runter, Sie könnten da ersticken, Sie müssen da sofort reagieren …!"

„Ja, ja, machen wir." – Und während er an Höhe gewann, fragte er sie immer wieder nach ihrem Befinden. „Geht gut, geht gut", beruhigte sie ihn über ihr Mikrofon. Bestärkt durch ihre Zuversicht wagte er schließlich ein paar Loopings. Aber auch in dieser Situation reagierte sie ausgeglichen. „Fein, 's ist ja wunderbar!"

Rückblickend fügte sie eine Erklärung hinzu: „Es ändert sich ja nix. Ich hatte gedacht, da hängt man mit dem Kopf nach unten! Ich sitz genau so – natürlich war ich angeschnallt! Ich sitz genau so da drin, wie wenn ich hier im Sessel sitzen würde. Es waren nur bloß die Bäume plötzlich oben und der Himmel war unten, sonst hat sich nichts geändert."[147]

Der Crew war es nur gestattet, bis 4000 Meter hoch zu steigen. „Nun kam aber ein großes Gewitter und wir mussten über die Wolken, sind auf 10 000 Meter rauf. Als wir zurückkamen, da ist er zweimal durchgestartet und immer so runter im Sturzflug und hat dann ‚touch and go' gemacht." Immer wieder erkundigte sich der Pilot nach dem Befinden: „Wie geht's?" – „‚Nochmal', hab ich gesagt, 's is' wunderbar!'" Die Parlamentarierinnen fanden zunehmend Gefallen an den akrobatischen Einlagen.

Als sie schließlich landeten, standen bereits einige Rettungswagen bereit. Sogar der Kommandeur des Flugplatzes war anwesend und machte eine besorgte Miene. „Die haben gedacht, wir kommen als lebende Leichen da runter." Als die beiden Parlamentarierinnen ausstiegen, wollte ein Mitarbeiter ihre Tüten schnell beseitigen. „Welche Tüten? Ich hab keine! […] Die meinten, wir kommen runter und sind total erledigt! Wir waren sonst putzmunter, aber müd, müd, als ob wir eine Bergtour gemacht hätten. Und wir hatten Hunger und kriegten dann auch nichts."

Die von den Piloten geforderten Zusatzrationen wurden aufgrund dieser Nachprüfung bewilligt, sodass ihre Gefahrenprämie nicht mehr angetastet zu werden brauchte. Auch die Rückmeldung der Pilotenschule fiel positiv aus. Die Parlamentarierinnen hätten an dem viertägigen Einweisungslehrgang in den modernen Flugbetrieb mit Erfolg teilgenommen. Sie hätten darüber hinaus gelernt, wie man mit dem Fallschirm umgehen und sich aus dem Schleudersitz katapultieren könne. Annemarie Ackermann und Cläre Schmitt fanden es ganz einfach. Mit einem Hebel werde der ganze Prozess eingeleitet, danach gelte es, die Sauerstoffmaske zu öffnen, schließlich die Maske mit der Sauerstoffmaske zu verbinden und das Visier zur Gesichtsschutzklappe zu betätigen. Zum Schluss müsse man die linke Armstütze loswerden, dann die rechte. Nach den letzten beiden Hebelzügen fliege das Verdeck weg – und man selbst in die Luft.

„Wir sind keine Typen"
Vertriebenenausschuss[148]

Flucht und Vertreibung waren immer wiederkehrende Themen in den Ausschusssitzungen. Während Annemarie Ackermann am Vertriebenenausschuss in sämtlichen Wahlperioden konsequent teilnahm, besuchte sie den Ausschuss für Kriegsopfer- und Heimkehrerfragen, dem auch Maria Probst und Marie-Elisabeth Lüders[149] (1878–1966) angehörten, nur gelegentlich.[150]

In der Regel stellt die Mehrheitsgesellschaft fest, wie schlecht es um das Thema der Integration bestellt ist. Das Justemilieu räsoniert, welche die angemessene Strafe dafür ist. In den 1950er Jahren monierten die Vertreter der „Minderheitengesellschaft" der Geflüchteten und Vertriebenen selbst, dass sie noch nicht richtig integriert seien. Dass sie in höherem Maße von Arbeitslosigkeit betroffen seien als die einheimische Bevölkerung – auch weil sie als ehemalige Bauern nicht über Grund und Boden in Deutschland verfügen *konnten*. So wollten beispielsweise 160 000 Bauern aus dem südosteuropäischen Raum ihren Beruf wieder ergreifen. Einem Viertel von ihnen gelang es.[151] Es sollten aber keine Kümmerbetriebe geschaffen werden. „Das hat mir schon erhebliche Sorgen gemacht", gab Annemarie Ackermann zu, „es ist kein Grund und Boden vorhanden und unrentable Höfe zu schaffen, wäre auch nicht Sinn der Sache. Oft gibt es böses Blut, wenn man davon abrät, wieder als selbstständiger Bauer tätig zu sein.“[152] Der jüngeren Generation versuchte man durch konkrete Ausbildungshilfen neue berufliche Perspektiven zu eröffnen.

Was gehörte zu den bedeutsamsten politischen Errungenschaften Annemarie Ackermanns, die in diesem Gremium debattiert wurden? Es war fraglos ihre Beteiligung zur Formulierung des „Gesetzes zur Regelung von Fragen der Staatsangehörigkeit“ (Art. 116 Grundgesetz, Staatsangehörigkeitsrecht)[153]. Der Staatssekretär Hans Ritter von Lex sowie Erna Dlugosch, die Referentin des Bundesministeriums des Inneren, sprachen sich im Parlament gegen eine Einbürgerung der Südostdeutschen aus. Dlugosch war der Ansicht, dass ein deutsches Gesetz grundsätzlich keine Entscheidung über eine fremde Staatsangehörigkeit treffen könne.[154] Ritter von Lex formulierte wenig zuvorkommend: „Sie können doch nicht verlangen, dass wir diese ganzen Typen hier einbürgern!“ Damit bezog er sich auf die Schar der Staatenlosen, der Displaced Persons.

Darauf soll Annemarie Ackermann entgegnet haben: „Typen? – Ich gehöre auch zu diesen Typen! So eine Type bin ich auch! Und ich lass mir das nicht gefallen, dass Sie eine ganze Volksgruppe verunglimpfen!”[155] Unterstützt wurde sie von ihrem sudetendeutschen Kollegen Hans Schütz[156] sowie von Herbert Czaja.[157] „Es wäre unmöglich, dass ich das so stehen lassen kann, dass das alles Typen sind.“[158]

Zwei Tage später begab sich Annemarie Ackermann ins Vorzimmer des Außenministers Clemens von Brentano[159] und schilderte die Diskriminierung. Dieser entgegnete, dass sie doch selbst am besten geeignet sei, den Sachverhalt zu beurteilen. Schließlich wurde das Gesetz im Februar 1955 in ihrem Sinne verabschiedet. Die Einbürgerung der deutschen Geflüchteten und Vertriebenen aus den (süd)ostdeutschen Gebieten war damit besiegelt.

Das Optionsgesetz, welches bereits 1954 in Kraft trat, ermöglichte schließlich durch eine einfache Loyalitätsbekundung den in Österreich lebenden Angehörigen der deutschen Minderheit, die österreichische Staatsbürgerschaft zu erwerben.

Ein weiteres Problem, dem die Ausschussmitglieder in die Augen blicken mussten, war der Umgang mit den Angehörigen der SS,[160] der viele der ethnisch Deutschen angehört hatten. Nach dem Krieg ereilte sie der Status der Displaced Persons. Josef Trischler, der als Sachverständiger in die Ausschusssitzungen gerufen wurde, vertrat die Ansicht, die Deutschen in Serbien hätten auf der Seite Deutschlands gekämpft, weil viele von dem nationalsozialistischen Gedankengut überzeugt waren. Aber auch die weniger Überzeugten seien zum Dienst an der Waffe gezwungen worden.[161] Es gab aber auch Stimmen, die forderten, jeden einzelnen Fall zu prüfen.[162]

Christa Nickels[163], Bundestagsabgeordnete der Grünen, brachte in einer Bundestagsrede im Jahr 1997 anlässlich der Wehrmachtsausstellung die Frage der Schuld von Soldaten insgesamt auf einen bemerkenswerten Punkt: „Ich war furchtbar erschüttert, auch über das, was man mit diesen Männern gemacht hat, zu denen auch mein Vater gehört hat", so Nickels, „es waren überwiegend Männer, die das Leben liebten, die Kinder liebten […], zu was man diese Männer gemacht hat, in diesem verbrecherischen Krieg […]. Sie haben alle unendliche Schuld auf sich geladen und hatten nicht die Kraft, sich dem zu entziehen. Die ganzen Frauen und Männer und die Kinder sind geprägt davon – bis heute."[164] Welche auch immer Annemarie Ackermanns Motivation dafür gewesen sein mag, vielleicht war es diese am Menschen orientierte Sichtweise. Jedenfalls sprach sie sich dafür aus, auch den ehemaligen Soldaten der deutschen Einheiten die deutsche Staatsbürgerschaft zu verleihen.

Ein weiteres Thema, das den Ausschuss beschäftigte, waren die Notaufnahmelager, die im Rahmen des 1950 verabschiedeten Notaufnahmegesetzes geschaffen wurden. Jene, die aus der sowjetischen Besatzungszone übersiedelten, durften in der Bundesrepublik bleiben, auch wenn ihr Aufenthaltsantrag abgelehnt wurde. Sie erhielten in diesem Falle aber keine Eingliederungshilfen. Diese standen nur jenen Personen zu, die beweisen konnten, dass sie politische Flüchtlinge waren. Das bedeutete, dass auch geprüft wurde, ob es sich eventuell um Spione handelte.[165] Insgesamt stimmten 2,8 Millionen Menschen in der DDR mit den Füßen ab und verließen bis 1961 das Land in Richtung Westen. Man gewährte den Oppositionellen aus der sowjetischen Besatzungszone auch deshalb Zuflucht, da sie die Ideologie des Westens stärkten.

Ackermann führte viele Gespräche, zum Beispiel in Marienfelde, in der Volkmarstraße oder der Coldizstraße in Berlin, und machte sich ein Bild von der Praxis des Notaufnahmeverfahrens. „Sicher gibt es immer noch Flüchtlingslager", so Annemarie, „das wird sich nicht vermeiden lassen. Aber die Betreuung der Flüchtlinge, besonders derjenigen aus der Sowjetzone, ist beispielhaft. Ich bin immer überrascht, wie schnell diese Menschen auf ihnen genehme Arbeitsplätze vermittelt werden können und dass sie auch bald eine Wohnung bekommen. Die Wohnungen reichen zwar noch nicht, aber wir sollten nicht skeptisch sein."[166] Sie war überzeugt davon, „in keinem Land der Welt wird so viel wie bei uns für diese Menschen getan".[167] Die Zuwanderer aus der sowjetischen Besatzungszone waren aber auch, ähnlich wie zu einem späteren Zeitpunkt die „Gastarbeiter", willkommene Arbeitskräfte in der Periode des anhaltenden Wirtschaftswachstums.

Das niedersächsische Lager Friedland, „Tor zur Freiheit", das bis zum heutigen Tage einen besonderen Stellenwert hat, war ein Dauerthema. Die Presse berichtete, dass dort die Versorgung der Geflüchteten mangelhaft sei. Ackermann besuchte nahezu alle Erstaufnahmelager, das Auffanglager in Piding sogar mehrmals, ebenso das Lager in Linz, das ihr aus eigener Anschauung vertraut war, sowie mehrere Lager in Wien. Sie besuchte auch viele Versammlungsorte ihrer Landsleute in Bayern und Österreich. Unterwegs notierte sie sich jede Beschwerde und jede Bitte.[168] Harro, der als jüngster Sohn noch bei seiner Mutter lebte, erinnert sich noch an sehr viele lange Telefonate, die seine Mutter geführt hatte.[169] Dabei ging es oft um besondere Einzelschicksale.

1956 marschierte die Sowjetarmee in Ungarn ein. Aufständische wurden in Budapest hingerichtet oder interniert, Hunderttausende flohen. „Bei den Ungarnflüchtlingen handelt es sich hauptsächlich um Bergleute und Bauern, die man ursprünglich im Land behalten wollte und die nun nach Mazedonien geflüchtet sind", so Ackermann. „Diese Menschen sind dort in einem Malariagebiet untergebracht worden und werden sehr mangelhaft versorgt. Ich habe gehört, dass man sich mit dem Gedanken trägt, sie dort wieder nach Ungarn auszuweisen. Die deutschen Ungarnflüchtlinge wissen vielfach nicht, dass sie nach Deutschland reisen können."

In der Folge dieses Ereignisses liefen viele Hilfsmaßnahmen auf bundesdeutscher und europäischer Ebene an. In Deutschland sollte ein bestimmtes Kontingent an Flüchtlingen aufgenommen werden. Ackermann bestand darauf, den Flüchtenden aus Ungarn verlässliche Informationen zukommen zu lassen. „Abgeordnete Frau Ackermann […] bittet um Stellungnahme zu der stark negativen Kritik am Sender Freies Europa bzw. Radio Free Europe (RFE). Außerdem empfiehlt sie, möglichst bald ein Mitteilungsblatt für die Ungarn-Flüchtlinge herauszubringen"[170], vermerkte der Protokollführer des Ausschusses.

Die Informationen, die der Sender verbreitete, waren nämlich nicht korrekt. Der antikommunistische Sender sicherte den Aufständischen Hilfe aus dem Westen zu, ohne dass dies der Wahrheit entsprach. Vieles spricht dafür, dass sich deshalb der Aufstand länger hinzog, als es nötig gewesen wäre. Immer wieder wurden auch Stimmen innerhalb der Ausschusssitzungen laut, die mahnten, den Gesamtrahmen nicht zu vergessen und sich nicht auf eine bestimmte Flüchtlingsgruppe zu fokussieren.[171]

Das Anfang der 1950er Jahre gegründete UN-Flüchtlingshilfswerk (UNHCR) rief im Juni 1959 das Weltflüchtlingsjahr aus. Auf diese Weise gerieten erstmals auch die deutschen Flüchtlinge in den Fokus der weltweiten Aufmerksamkeit. Nordkorea, Beirut, Honkong, Vietnam, Israel, Indien, Pakistan oder der Iran – überall gab es Krisenherde, die Ursache vieler Zwangsmigrationen waren. 40 Millionen Menschen befanden sich auf der Flucht. Laut Dag Hammarskjöld, dem Generalsekretär der Vereinten Nationen, war die Flüchtlingsproblematik die drängendste Problematik überhaupt. Sie ließ ihn nicht los: „Il faut donner tout pour tout."[172] Man muss alles für sie alle geben, davon war er überzeugt.

Einer der Abgeordneten war der Ansicht, dass die Deutschen diese eminente Bedeutung des Weltflüchtlingsjahres noch gar nicht richtig erfasst hätten. Das schlechte Spendenergebnis sei vermutlich darauf zurückzuführen, dass die Sammlung am Tag der Heimat durchgeführt wurde. Hierbei sei vermutlich das meiste Geld in die Sammelbüchsen der Vertriebenenverbände gewandert.[173] Da ein wichtiges Prinzip der Kulturarbeit die Überparteilichkeit sei, sei es auch wichtig zu erfahren, wofür diese Verbände ihre Gelder ausgeben. Zum Beispiel die Arbeiterliteratur werde dort kaum berücksichtigt. Man müsse verhüten, dass diese Institute zum Selbstzweck würden. „Ihre Aufgabe besteht doch darin, die alte Kultur der verlorenen Gebiete im neuen Lebensbereich wirksam werden zu lassen."[174] Andernfalls spiele die ganze Mannschaft nicht vorwärts, sondern rückwärts. Der Ausschuss beschloss, die verantwortlichen Leiter der verantwortlichen

Institute zu bitten, dem Ausschuss über ihre Tätigkeit en détail zu berichten.

Die größte Gruppe ausländischer Mitbürgerinnen und Mitbürger war jene der Polen mit 55 000 Personen, gefolgt von den Ungarn mit 30 000, den Slowenen und Serben mit 23 000 sowie den Ukrainern mit 20 000. Letten, verschiedene Volksgruppen aus der UdSSR, Tschechen und Slowaken, Litauer, Rumänen, Esten und Bulgaren kamen hinzu. Herbert Czaja verwies darauf, dass für alle diese Menschen die Menschenrechtskonvention genauso gelte wie der Paragraf 96 des Bundesvertriebenengesetzes (Pflege des Kulturgutes der Vertriebenen und Flüchtlinge und Förderung der wissenschaftlichen Forschung). Der korrekte und vorbildliche Umgang mit diesen Menschen liege schon aufgrund der nationalsozialistischen Vergangenheit nahe. Außerdem sei es ein politisches und moralisches Aktivum gegenüber dem Osten.

Dabei dürfe es keinesfalls um Germanisierungstendenzen gehen. Darin sehe das Bundesministerium für Vertriebene, Flüchtlinge und Kriegsgeschädigte eine Verpflichtung ersten Ranges.[175] Einer Assimilierungspolitik wurde eine deutliche Absage erteilt, wie in den Nürnberger Urteilen niedergelegt. Alle Geflüchteten sollen gefördert werden, aus welchen Ländern auch immer sie stammen. Sie sollen ihre Muttersprache pflegen, um nach ihrer Rückkehr als Brückenbauerinnen und Brückenbauer tätig werden zu können.

Von Januar bis Oktober 1965 gehörte Annemarie Ackermann als Nachrückerin für den ausscheidenden Gerhard Fritz erneut dem Bundestag an. In diesem Zeitraum war sie auch Mitglied im Wiedergutmachungsausschuss, der über den Entwurf einer Novelle des Bundesentschädigungsgesetzes (BEG) beriet. Personen, die unter der nationalsozialistischen Gewaltherrschaft wegen ihrer Nationalität unter Missachtung der Menschenrechte geschädigt wurden und am 1. Oktober 1953 Flüchtlinge im Sinne der Genfer Konvention waren, hatten einen Entschädigungsanspruch für einen Schaden an Körper oder Gesundheit. Dazu gehörten auch jene, die zu Zwangsarbeit herangezogen wurden. Ein wesentlicher Punkt war auch die Wiederherstellung der von den Deutschen in den Ostgebieten zerstörten jüdischen Friedhöfe.[176]

„Sie dachten, wir hätten in Hütten gelebt" Lastenausgleichsausschuss[177]

„Was hat der Mond mit den Vertriebenen zu tun?" – „Der Mond und die Vertriebenen kommen beide aus dem Osten und beide haben einen Hof."[178] Was bedeutet dieses Bonmot? Die Bevölkerung hierzulande war der Ansicht, dass die neu Hinzugekommenen nicht „richtig" dazu gehörten, da sie sich anders gaben und andere kulturelle Bräuche hatten. Sie schienen ungebildet, arm und zudem politisch dubios zu sein. Und dann wurde ihnen auch noch der Hof gemacht, indem sie in den Genuss einer der größten finanziellen Umverteilungsmaßnahmen kamen.

Die Geflüchteten und Vertriebenen wurden von der hiesigen Bevölkerung zunächst kritisch beäugt. Sie war nicht einverstanden damit, dass sie eine Lastenausgleichsgabe, eine Art „Soli", für jene Menschen entrichten sollte, deren Geschichten ohnehin niemand hören wollte. Und sie selbst wurde nur in einem geringeren Maße für jene Verluste entschädigt, die sie selbst erlitten hatte. Darüber hinaus wurden die Geflüchteten von ihren eigenen Angehörigen beneidet, die in den Herkunftsländern geblieben waren. Sie hatten meist auch dort alles verloren und kamen mehr schlecht als recht über die Runden.

Jene, die aus Serbien nach Deutschland und zum Teil auch nach Österreich flüchteten, waren durch die AVNOJ-Beschlüsse[179] entrechtet worden, welche die Enteignung und Konfiszierung des deutschen Staats- und Privatvermögens behandeln. Dieser Erlass trat im November 1944 in Kraft.

Serbische Bürgerinnen und Bürger deutscher Herkunft besaßen von diesem Zeitpunkt an auch keine Bürgerrechte mehr. Menschen, die sich eine neue Existenz aufbauen mussten, kamen in den Genuss der finanziellen Umverteilung des Lastenausgleichs – sofern sie in Deutschland lebten. Es gab Hausratsentschädigungen für zurückgelassene Werte wie land- und forstwirtschaftliches Vermögen, Grund- und Betriebsvermögen, Sparguthaben oder Wertpapiere. Das Geld war nicht üppig, es reichte für eine einfache Ausstattung mit Möbeln, Wäsche und Geschirr.

Mit der Verabschiedung des Lastenausgleichsgesetzes waren nicht alle einverstanden. Konrad Adenauer gelang schließlich ein Kompromiss innerhalb seiner Koalition (Union, FDP und DP). Die Zahlungen waren nicht nur aus einer politischen, sondern auch aus einer psychologischen Perspektive notwendig und hatten eine friedensstiftende Funktion.[180] „Es geht hier nicht um ein soziales Gesetz wie in hundert anderen Fällen, in denen Leistungen und Verpflichtungen peinlich genau gegeneinander abgewogen werden. Es ist das Gesetz der Liquidierung unserer inneren Kriegsschuld gegenüber von Millionen unserer eigenen Volksgenossen", so formulierte es der SPD-Vorsitzende Erich Ollenhauer.[181]

Annemarie Ackermann trug ihren Anteil dazu bei, indem sie die Formulierung des Gesetzes maßgeblich mitgestaltete. In einer der Ausschusssitzungen verwies sie beispielsweise darauf, dass eine gemeinsame Haushaltsführung zum Zeitpunkt der Schädigung sich nicht als Bemessungsgrundlage für Ausgleichszahlungen[182] eigne. Denn die Unterbringung in einem Internierungs- oder Arbeitslager bedeutete häufig, dass die Familie eben nicht zusammensein konnte.

An die Verhandlungen zur Festsetzung der Bemessungsgrundlage konnte sie sich noch gut erinnern. In einem Gespräch mit einem Journalisten lässt sie diese Zeit Revue passieren:

Wie war das mit dem Lastenausgleichsgesetz?
„Ja, das war auch nicht einfach: Erstens einmal wollte man uns nur ganz miesen, armen Boden anerkennen, wollten sie uns die schlechtesten vergleichbaren Gebiete anerkennen. Dabei war ja unser Boden unten viel fruchtbarer, wir waren doch die Kornkammer damals."

Wer hat denn das beraten, was waren das für Experten?
„Ja, sogenannte Experten, Leute, die dachten: Nord-Süd-Gefälle, je südlicher, umso schlimmer, Balkan, da ist ja nichts! Dass aber die Batschka und das Banat eben nicht Balkan waren, sondern fruchtbarstes Gebiet, die Tiefebene, ein ehemaliges Sumpfland, das dann die Deutschen, die da hinkamen, unter Maria Theresia und Franz II., die haben das ja urbar gemacht, haben das kanalisiert, das war ja dann ein ganz fruchtbarer Landstrich in Europa! Die wollten uns, wie gesagt, die schlechtesten Einheitswerte geben! Man wollte auch nicht einsehen, dass unsere Gemeinden mit überwiegend landwirtschaftlichem Besitz, überwiegend in deutscher Hand war. Das kostete sehr viel Mühe, ich bekam dann Unterstützung, verschiedene Gutachten wurden angefertigt.
Ich hab dann auch noch die Landsmannschaft eingeschaltet, die hatten ja damals schon einige Werte erarbeitet und so kam es dann dazu, dass wir ziemlich günstig eingestuft wurden […] Es hat lange gebraucht, mit dem Hausrat und mit allem, die haben gemeint, wir hätten Katen gehabt, also Hütten. Als sie dann einige Daten bekamen, da haben sie dann doch gestaunt. Ich hab immer wieder gesagt: Wer das Land nicht kennt, kann auch kein Urteil darüber abgeben."

Zog sich das über längere Sitzungen hin?
„Was, Sitzungen? Ach, das waren ja Monate, das hat ja

ewig gedauert, bis das unter Dach und Fach war. Es war ja auch schwierig! Es waren ja nicht nur wir, es waren die ganzen Vertriebenen [zu berücksichtigen]. Da waren zum Beispiel die Sudetendeutschen, die hatten wieder andere Vermögenswerte, weil da viel Industrie war, eben ganz verschieden von uns."

Aber jeder Abgeordnete hat versucht, für seine Volksgruppe das Beste herauszuholen?
„Natürlich, seinen Landsleuten einigermaßen Recht zu verschaffen! Es war ja wenig, was wir bekamen, aber dass es doch den (festgesetzten) Werten entsprechend gehandhabt wurde. Aber es hat lange, lange gedauert. Und es waren auch Aufregungen, es war nicht einfach, die Sitzungen dauerten manchmal bis in der Früh."[183]

Das Lastenausgleichsgesetz hat bis heute seine Gültigkeit. Auf dieser Basis werden bis ins Jahr 2030 oder sogar noch länger Renten ausbezahlt. „Habt Ihr schon einmal darüber nachgedacht, was es für die einheimischen Abgeordneten bedeutet hat, diesem Gesetz zuzustimmen? Es werden und wurden von manchen unter den Einheimischen große Opfer gebracht, und dass sie uns geholfen haben, dafür sei ihnen aufrichtig und ehrlich gedankt"[184], so ein Vertreter eines Diaspora-Vereins.

Der in Novi Sad geborene und im Jahr 2021 verstorbene Rudolf Reimann, Vorsitzender des Verbandes der deutschen altösterreichischen Landsmannschaften in Österreich (VLÖ), bezeichnete Annemarie Ackermann als eine Person, die dem Herzen nach mehr Österreicherin als Deutsche gewesen sei. „Sie hat sich wirklich für unsere Belange eingesetzt", bekräftigte er.[185] In gewisser Weise traf er damit ins Schwarze, denn Wien war und blieb Annemarie Ackermanns Herzensstadt.

Eines ihrer wichtigsten Anliegen war, auch die in Österreich lebenden Angehörigen der Deutschen Minderheit – es waren 1959 immerhin 18 000 – in die Regelungen einzubeziehen. Der österreichische Bundeskanzler Bruno Kreisky erklärte nämlich, man hätte der Bevölkerung keinen Lastenausgleich zumuten können, da die „Republik Österreich [...] solange sie als selbstständiger Staat bestand", weder Krieg geführt, noch Menschen vertrieben oder zur Umsiedlung gezwungen hätte. Aus diesem Grunde – so Kreisky – hätte es die Bevölkerung auch nicht verstanden, wenn ihr für die von ihr nicht verschuldeten Ereignisse ein Lastenausgleich auferlegt worden wäre".[186]

In der Tat verwundert diese Haltung, da unmittelbar nach dem „Anschluss" Österreichs, im März 1938, sich sowohl die Politik als auch die Kultur vom nationalsozialistischen Gedankengut durchaus in einem nicht unerheblichen Maße infiltrieren ließen. Schließlich wurde durch das sogenannte Kreuznacher Abkommen (1961) ein gewisser Ausgleich geschaffen; das Niveau des Lastenausgleichsgesetzes wurde aber nicht erreicht. Annemarie Ackermann war es ein Anliegen, stets den Weg zu den deutschen Regierungsstellen zu ebnen.

Gegen Ende ihres Lebens fasste Annemarie Ackermann ihr Wirken wie folgt zusammen: „Wenn ich einen Beitrag dazu leisten durfte, unserer Jugend das Integrieren in der Bundesrepublik zu erleichtern und unseren alten Leuten durch die Mitarbeit am Lastenausgleichsgesetz eine Basis zur Altersversorgung zu bieten, so ist mir dies rückblickend ein Trost in der jetzigen Isolation."[187]

Nach achtjähriger Zugehörigkeit im Bundestag bedankte sich Konrad Adenauer bei ihr postalisch:

Sehr geehrte Frau Ackermann!

Mit Ablauf der 3. Legislaturperiode scheiden Sie aus dem Deutschen Bundestag aus. In achtjähriger parlamentari-

scher Arbeit haben Sie an dem erfolgreichen Aufbau einer stabilen demokratischen Ordnung in der Bundesregierung verantwortungsvoll mitgewirkt. Für die gute Zusammenarbeit und für die pflichtbewusste Ausübung Ihres Mandats, die von Ihnen manche schwere Entscheidung verlangt hat, danke ich Ihnen herzlich. Ich hoffe, dass Sie in der CDU/CSU auch weiterhin tatkräftig mitarbeiten.

Mit vielen Grüßen
Ihr ergebener Adenauer[188]

„Tun, was die Gegenwart von uns fordert"
Exkurs: Diaspora-Vereine

Die Zukunft der Vergangenheit

Während des Zweiten Weltkriegs und danach zerbrach vieles. Einige Menschen blieben im Herkunftsland, andere waren auf der Flucht, wieder andere befanden sich in Gefangenschaft. Es kam vor, dass ein kriegsversehrter Ehemann aus dem Krieg nach Hause kam und eine verschlossene Tür vorfand, wie es auch Wolfgang Borchert in seinem Drama *Draußen vor der Tür* beschreibt. Sorgen um die vermissten Angehörigen wurden aus dem Alltag verdrängt. Und die Tante, die aus Sibirien nach Hause kam, musste ihren Säugling, den sie im Arbeitslager geboren hatte, in einer Zeit allein großziehen, in der dies als Schande galt. Sie konnte von niemandem eine Hilfe erwarten. Wer den Schaden hatte, brauchte für den Spott nicht zu sorgen. Arbeitgeber nutzten die Verwundbarkeit solcher Menschen aus und „vergaßen" ganz, in die Sozialversicherung einzuzahlen.

Heute weiß man, dass die meisten Flüchtlinge und Vertriebenen unter einem Posttraumatischen Belastungssyndrom (PTBS) litten und leiden.

Sie schliefen unruhig, hatten mit Flashbacks zu kämpfen, ihr Herz raste häufig ohne ersichtlichen Grund. Viele hatten Bluthochdruck und verschiedene Ängste, die zunahmen, als sie älter wurden. Ihre Kinder waren meist sekundär traumatisiert, auch sie spürten das Leid ihrer Eltern. Darüber hinaus wurde ihnen ein Leistungsdruck auferlegt, in dem sich eine doppelte Botschaft verbarg: Leiste so viel du kannst, sei aber nicht glücklicher als deine Eltern und beschäme sie nicht mit deinem Glück.[189]

Als Politikerin setzte sich Annemarie Ackermann zwar bevorzugt mit Themen wie Lastenausgleich oder der Flüchtlingsfrage auseinander, zu ihrer eigenen Vergangenheit nahm sie jedoch eine ambivalente Haltung ein. Es war ihr sehr wohl bewusst, dass die totalitären Systeme versucht hatten, die Hand nach ihrem Leben und ihrer Familie auszustrecken, dennoch blieb sie ihrer Herkunft eng verbunden. Sie hatte ein kleines Säckchen mit Erde („Heimaterde") gefüllt, das sie auf ihrer letzten Reise begleiten sollte. Für viele ihrer Landsleute lag der Fokus auf der Vergangenheit – angesichts der vielen sich auftürmenden Probleme – eine tatsächliche Alternative, eine „Zeitzuflucht", wie sie auch Georgi Gospodinov in seinem gleichnamigen Roman beschreibt. Der Protagonist seines Romans, Gaustín, eröffnet eine Klinik für vergangene Zeiten und trifft dabei vor allem bei Demenzkranken ins Schwarze. Seine Patienten finden Trost und ein bescheidenes Glück in jenen bestimmten Jahrzehnten und bestimmten Orten nachempfundenen Räumen. Im Keller dieser Klinik ist sogar ein Luftschutzbunker untergebracht. Die Flucht im Kopf breitet sich überdies auf die gesellschaftlichen Systeme aus. Da die Zukunft zunehmend altmodisch und die Vergangenheit en vogue wird, kleiden sich fast alle nur noch in historischen Kostümen.

Auch aktuell vertreten einige Autokraten wie Wladimir Putin die Ansicht, dass alles wieder so werden soll, wie es früher einmal war. Dafür sind sie sogar bereit, Menschenleben zu opfern. Allerdings lebt diese Vergangenheit vom Vergessen des weniger Schönen. Der während des deutschen Balkanfeldzugs geführte „Blitzkrieg“ gegen Jugoslawien, der mit dem Überfall auf Belgrad am 6. April 1941 begann, und alles, was danach folgte, war es sicher nicht, was Annemarie Ackermann sich herbeigesehnt hätte.

Diaspora-Vereine[190]

Vor dem Hintergrund ihrer Erfahrungen war es selbstverständlich, dass Annemarie Ackermann die sogenannten Landsmannschaften unterstützte, jene Vereine, die sich bemühten, ihren Landsleuten aus definierten Gebieten im (Süd-)Osten Europas ein gutes Ankommen in Deutschland zu ermöglichen, sei es nach dem Krieg, aber auch zu einem späteren Zeitpunkt. Die Landsmannschaften unterstützten die Geflüchteten und Ausgesiedelten bei allen möglichen Herausforderungen, beim Suchen und Finden ihrer Angehörigen etwa, die meist über ganz Deutschland verstreut waren. Auch die Formalitäten des Lastenausgleichs nahmen einen großen Stellenwert ein. Darüber hinaus verstanden und verstehen sich diese Vereine als Gralshüter jener kulturellen Identität, wie sie sich im Ausland formiert hatte. Es gibt „Heimat-Ortsgemeinschaften“ und Gruppen hierzulande, mit denen man sich wechselseitig vernetzt. Auch Annemarie hielt sowohl den Kontakt zu ihren Parabutscher Landsleuten aufrecht als auch zur Heimat-Ortsgemeinschaft Parabutsch in Bad Schönborn.

Noch bevor diese Vereine tätig werden konnten, kümmerten sich die Kirchen um viele dieser Fragen. Die Westalliierten befürchteten, es würden sich überholte nationalistische Ideen durchsetzen, deshalb gestatteten sie die Gründung dieser Vereine zunächst nicht. Diese Angst war nicht ganz unbegründet. Acht von dreizehn BdV[191]-Präsidiumsmitgliedern waren in der NS-Zeit Angehörige der NSDAP. Das erste Präsidium kann somit durchaus als belastet eingestuft werden.[192] Darüber hinaus galten die Grundprinzipien der antikommunistischen Eindämmungspolitik, die auch der BdV vertrat, seit der US-Präsidentschaft von John F. Kennedy als anachronistisch.[193]

Annemarie Ackermanns Vision für diese Vereine, die sich schließlich 1958 dann doch mit Erlaubnis der Alliierten formieren durften, war zweifacher Natur: Zum einen wollte sie diese politisch stärken. Deshalb hielt sie diese an, mit *einer* Stimme zu sprechen, um überhaupt Gehör zu finden. Zum anderen war ihr an einem Brückenschlag nach außen gelegen, welcher in die neuen politischen und kulturellen Gegebenheiten eingebettet sein sollte. Nur folgerichtig ergab sich daraus, dass sie den Bund der Heimatlosen und Entrechteten (BHE) als unnötige und unkluge Absonderung von den anderen Parteien ablehnte. Wenn man diese Partei unterstütze, könne der Eindruck entstehen, als wären wir unter Fremden und nicht in Deutschland, kritisierte sie.

Hans Moser,[194] ein aus der Batschka stammender Bekannter Annemarie Ackermanns, schrieb ihr 1953 anlässlich ihres Amtsantritts als Abgeordnete in der zweiten Wahlperiode des Deutschen Bundestages: „Gerade als politisch tätiger Mensch [...] habe ich mit einiger Besorgnis festgestellt, dass unsere Landsleute, sowohl in Österreich als auch in Deutschland, noch immer in der alten Ideologie des Volkstumskampfes als Minderheit in seinerzeit fremdem Lande steckengeblieben sind.“[195] Und er mahnt zu Recht, dass die Herkunft nicht bedeute, dass man sich darin verbarrikadieren solle. Die Herkunft sei weder ein Dauerzustand noch ein Staatsprogramm. Es stecke auch kein tieferes oder bedeutendes Parteiprogramm dahinter. Und dass er es begrüße, dass sie jetzt einen anderen Weg einschlage.

Eigentlich war es auch anders gedacht. Deutlich wird dies, wenn man die „Charta der Vertriebenen“, die 1950 nicht nur der deutschen, sondern auch der internationalen Öffentlichkeit präsentiert wurde, eines näheren Blickes unterzieht. Man wolle gemeinsam am Haus Europa mitbauen, mit der Folge, dass die Geflüchteten *aller* Länder zu schützen und zu würdigen seien. Dieses Problem gehe die ganze Welt an und erfordere hohe Verantwortlichkeit.[196] Auf die Frage, für welche Werte die Europäische Union besonders steht, nennt die Charta vor allem Toleranz – neben Werten wie Respekt gegenüber anderen Kulturen oder auch jenem der Wahrung der Menschenrechte.

Die Grenze der Toleranz ist dann erreicht, wenn sie von Intoleranten missbraucht wird, wenn gegen die Grund- oder Menschenrechte verstoßen wird. Das aber bedeutet, dass historische Gleichgültigkeit, Desinteresse oder ein sich Ducken beim Othering, einer stereotypen Unterscheidung zwischen Fremden und Eigenem, nichts anderes als Intoleranz ist. Vielleicht ist es diese unausgesprochene Komplizenschaft, die dazu beiträgt, dass über so manchem Bratwurstessen, Trachtenumzug oder Brauchtumsseminar eine bleierne Schwere liegt.

Ackermann blieb nur zwei Jahre Bundesvorsitzende der jugoslawiendeutschen Landsmannschaft. Dieses Amt wurde ihr im Jahr 1959 angeboten, im selben Jahr, als sowohl ihre Tochter Ria als auch ihr Sohn Herbert Hochzeit feierten und in dem sie als Delegierte nach Afrika reiste. Die Vereine erhofften sich durch sie als Fürsprecherin im Bundestag gewisse Vorteile. Sehr bald wurde ihr jedoch bewusst, dass sie nicht viel bewegen konnte.

Für die bisherigen Amtsinhaber waren die Frauen bislang nur „die fleißigen Bienchen, die fleißigen Arbeiterinnen, die fleißigen Unterstützerinnen, ja. Aber das waren diese Herrschaften nicht gewohnt, dass da jetzt eine Frau mitreden soll. Ich glaube, sie haben schon sehr schwer gerungen, sie zur Bundesvorsitzenden zu wählen",[197] so ihre Tochter. Zwar wurde Annemarie Ackermann für kurze Zeit zur Vorzeigefrau bei allen größeren Veranstaltungen. Das größte Problem, das sie hatte, sah ihre Tochter darin, dass diese mächtigen Männer sich auch gegenseitig nicht grün waren, dann aber doch gewohnheitsmäßig zusammenhielten. Diese misogyne Verhaltensweise teilten auch viele Donau*schwäbinnen*. Denn verinnerlichte Frauenfeindlichkeit geht im Doppelpack mit fehlender Solidarität der Frauen untereinander einher.

Ein weiteres Problem bestand und besteht darin, dass die Landsmannschaften aufgeteilt waren. „Und keiner wollte von seinem Sockel runter. Und dagegen ist sie nicht angekommen. Da war keinerlei Verständnis dafür da, dass es jetzt doch besser anders laufen sollte."[198] Dass man zum Beispiel nur mit einer Stimme sprechen sollte, dass das besser in der aufnehmenden Gesellschaft ankommen würde. „Ja, sie hat aufgegeben", so ihre Tochter Ria.[199] Sie eignete sich nicht als Marionette der Männerseilschaften, worauf bereits der Begriff „Lands*mann*schaften" deutlich verweist. Die Männer waren den Dialog auf Augenhöhe mit einer Frau nicht gewohnt. Aus diesem Grund suchte Annemarie Ackermann bereits nach zwei Jahren einen männlichen Nachfolger. Balsam für ihre Seele sei schließlich der Umgang mit den Parlamentarierinnen gewesen, die ihr viel Anerkennung schenkten und die sie später auch in herzlicher, liebevoller Erinnerung behielten.[200]

Trotz aller Widersprüche wurde Annemarie Ackermann mehrfach ausgezeichnet. Von der donauschwäbischen Landsmannschaft erhielt sie sowohl die Ehrennadel als auch die Verdienstnadel in Gold (1961, 1969), darüber hinaus – als bisher einzige Frau – 1975 die Johann-Eimann-Plakette.[201] Der Laudator lobte ihren nimmermüden „Brückenschlag zu den Pfälzern". Dieser habe dazu beigetragen, „dass das Zugehörigkeitsbewusstsein [...] zu den Pfälzern [...] vertieft und gefestigt werden konnte".[202] Dem Verlorenen nicht ewig nachtrauern, sondern, wie es Kolonisten gebührt, das alte Kulturgut bewahren und den Mut zum Neubeginn haben, das forderte sie in ihrer Dankesrede anlässlich der Verleihung. Hier schloss sich nun der Kreis. Denn wieder ging es um einen Neuanfang: „Es tut keinesfalls gut, immer wieder zurückzuschauen, der Jugend vorzuschwärmen, was wir einmal besessen haben. Tun wir das Erforderliche der Gegenwart: Lassen wir die Jugend festen Fuß fassen, bodenständig werden und sich ein bejahendes Heimatgefühl erwerben. Machen wir ihr nicht immerfort das Herz schwer! Lehren wir sie tapfer und mutig zu sein und diese neue Heimat lieben zu lernen. Machen wir sie damit froh im Herzen. Wenn uns das gelingt, werden sie wieder eine Heimat haben in der Urheimat unserer Väter!"[203]

In Österreich empfahl Annemarie Ackermann Rudolf Reimann[204], sich mit den Vereinen aus den anderen Gebieten (Süd-)Osteuropas zusammenzutun. So schlossen sich die Sudetendeutschen, Karpatendeutschen, Siebenbürger Sachsen sowie die Ungarndeutschen in einem Großverband zusammen. Dieser Zusammenschluss hatte schließlich einen starken politischen Einfluss in Österreich.

Um in Deutschland bei den politischen Instanzen mit einer Stimme zu sprechen, gelang es – zumindest nach außen hin –, einen „Bund donauschwäbischer Landsmannschaften" zu bilden. Der Vorsitz sollte alle zwei Jahre wechseln und jeweils aus einer Gruppe der drei Herkunftsländer Jugoslawien, Rumänien und Ungarn gewählt werden. Nach innen hin erschwerten allerdings immer wieder Spannungen die Arbeit. Es gelang letztendlich nicht, gemeinsam an einem Strang zu ziehen.[205]

Wie bereits ausgeführt, war die Lobby dieser Vereine und Verbände im Bereich der Gesetzgebung zum Lastenausgleich besonders erfolgreich. Weniger produktiv waren sie in der sogenannten Heimatpolitik. Sie vermochten hier lediglich retardierend zu wirken und trugen nicht unerheblich dazu bei, dass die Deutschland- und Ostpolitik der Bundesrepublik Deutschland in den 1960er Jahren immer mehr in die Sackgasse geriet. Diese Misserfolge hatten vor allem zwei Ursachen. Es gelang weder den Vereinen noch dem Bund der Vertriebenen (BdV), als Streiter für die Menschenrechte aufzutreten und ihre heimatpolitischen Forderungen vom Verdacht der Revisionspolitik zu befreien.[206] Obwohl die meisten Vertriebenenverbände ihre Anliegen inzwischen auf persönliche Wiedergutmachung reduzierten, sind sie meist bis heute in der Matrix der Vergangenheit steckengeblieben. Einige schafften es jedoch, sich erfolgreich als Brückenbauerinnen und Brückenbauer zu betätigen und aktuelle Themen zu bearbeiten.

(Wie) Geht es weiter?

Wer nur auf Besitzstandswahrung achtet, macht sich zum Helfershelfer einer stagnierenden Kultur. Wer aber die Kultur eines Volkes nicht achtet, macht sich der Barbarei schuldig. Was bleibt, ist eine Ambivalenz: Einerseits müssen die kulturellen Errungenschaften der deutschen Minderheiten gewürdigt werden. Es sollte für jeden Menschen möglich sein, zu seiner Herkunft zu stehen, seinen Herkunftsdialekt zu sprechen und die Gebräuche und Traditionen zu kennen und zu pflegen. Auch die Vertreibung und Entrechtung fast aller deutscher Minderheiten in Osteuropa sollte hierzulande eine Würdigung erfahren. Andererseits stimmt die Lesart, dass die deutsche Minderheit ausschließlich Opfer der politischen Umstände gewesen ist, nur zum Teil.

Es gilt also, sich innerhalb der Diaspora-Vereine auf zahlreiche Antagonismen, Widersprüche und auch Veränderungen einzulassen. Annemarie Ackermann erwies sich auch in diesem Sinne als weitsichtig, als sie den jungen Menschen empfahl, ein neues „Wir" zuzulassen: Sie sollten ihre Eltern und Großeltern beim Aufbau unterstützen und „Hand in Hand mit unseren Alten und Einheimischen Neues"[207] schaffen. Eine wichtige Facette der Identität ist also das Ausbalancieren von Altem und Neuem. Wer nicht in die Veränderung einsteigt, tritt auf der Stelle. Da nützt es nichts, wenn alter Wein in neuen Schläuchen serviert wird. Oder wenn das Besteck erneuert wird, ohne dass sich die Tischsitten ändern.

Auch wenn die Jugend bei bestimmten Gelegenheiten zum Sternenhimmel empor und damit in die Vergangenheit blickt – es gehört gerade nicht zu ihrer Lieblingsbeschäftigung zurückzuschauen oder Trost im Gestern zu suchen. Das Leben empfängt die jungen Menschen nicht in der Vergangenheit. Das Gedankenexperiment einer Reise dorthin ist jedoch für viele nach wie vor eines der faszinierendsten.

Peter Taler, die Hauptfigur eines Romans von Martin Suter[208], vertritt zum Beispiel die Ansicht, dass die Orte nur genau so aussehen müssten wie damals. Allein durch eine gewisse Akribie bei der Rekonstruktion der vergangenen Gegebenheiten sei die Vergangenheit durchaus wieder herstellbar. So ist die Zeitzuflucht einerseits eine Labsal für verletzte Seelen. Andererseits ist alles, was sich nicht mehr verändert, bereits gestorben.

Und daran schließt sich eine Aufgabe, welche die Demokratie stellt. Der autoritäre Traum ist ausgeträumt. Zumindest für Annemarie Ackermann und sicher auch für die meisten derjenigen, die ihre Länder unfreiwillig verlassen mussten. Während man sich früher möglichst unauffällig zu verhalten hatte, gilt es jetzt, Hand anzulegen, um die Werte der Demokratie zu verteidigen. Eine kulturelle Selbstbespiegelung reicht dabei nicht aus. Das käme einem Malen nach Zahlen gleich. Es geht auch nicht darum, Schokoriegel in Form von monetären Zuwendungen entgegenzunehmen. Das ist zu wenig.

Jeder, der in einer Demokratie lebt, dessen Verantwortungsbewusstsein ist gefordert. Und wer ein Boot durch schwierige Gewässer navigieren will, braucht Helligkeit am Bug.

Bei den Landsmannschaften in den USA

Annemarie Ackermann erhielt im Januar 1956 von Peter Max Wagner (1898–1982), dem Präsidenten der US-Donauschwaben, einen persönlichen Brief in großen, schwungvollen Lettern. Der Verfasser des Briefes fragte, ob sie auf dem Volksfest am Franklin Square in New York zugegen sein könne. Dessen Erlöse würden dem in Brooklyn ansässigen Hilfswerk „United Friends Of Needy And Displaced People Of Yugoslavia" zugutekommen. Und er sei unendlich stolz auf sie, dass sie jetzt im Bundestag vertreten sei. „Sollten Sie sich dafür entscheiden, dass Sie unsere Einladung annehmen, ich bin überzeugt, dass sie hier in unserer Neuen Heimat unvergessliche Stunden erleben werden!"[209]

Gern nahm Annemarie Ackermann auch sein Angebot an, bei ihm privat unterzukommen. Am 30. Juni schrieb sie begeistert an ihre Familie: „Meine Lieben, es ist sechs Uhr früh und ich habe gut geschlafen – kann's immer noch nicht fassen, dass ich wirklich in Amerika bin – es muss aber doch wahr sein, denn ich liege in diesem einen wunderschönen Zimmer. Vor mir stehen Nelken und Rosen und es ist heiß, sehr, sehr heiß …"

Familie Wagner holte sie ab und nach einigen obligatorischen Pressefotos lag sie um zwei Uhr nachts im Bett. Nach zwei Stunden war sie wieder wach und um sieben sprang sie aufgeregt aus dem Bett, „um Amerika zu entdecken". Kurz bügelte sie ihre verknitterten Röcke und Blusen auf, und dann konnte es losgehen. Am frühen Nachmittag fuhr sie zu einer deutschsprachigen Zeitung, beantwortete einige Interviewfragen und begab sich danach ins Tonstudio. Im Anschluss besuchte sie Peter Max Wagners Trikotagenfabrik. Er hatte viele ehemalige Geflüchtete aus Südosteuropa eingestellt, von denen sie einige sogar wiedererkannte. Peter Max Wagner, dessen Eltern und Geschwister bei Ausbruch des Zweiten Weltkriegs noch in der Batschka lebten, galt als „großer Helfer der Menschheit". Manche bezeichneten ihn sogar als „Engel der Donauschwaben"[210], da er sich unermüdlich für ihre Belange eingesetzt hatte. „Über Zeitenräume, Krieg und Hass müssten doch die Völker brückenbauende Werke zu einem geeinten Europa schaffen, statt im ‚Rassenwahn' und in einer Welt voller ‚Ismen' unterzugehen! Der beste Garant für den Frieden ist Menschlichkeit"[211], so schrieb er.

Aufgrund der anfänglichen Unfreiheit in den Nachfolgestaaten der ehemaligen österreichisch-ungarischen Monarchie verließ er seine Heimat schon sehr früh. In den USA gründete Peter Max Wagner eine Hilfsorganisation, zum einen, um jenen Menschen zur Seite zu stehen, die ebenfalls auswandern wollten. Zum anderen setzte er sich für jene Menschen ein, die innerhalb Jugoslawiens verschleppt worden waren – so, wie seine Schwester. Im Gedenken an sie und die vielen weiteren Menschen, die er verloren hatte – unter anderem seinen Vater –, gründete er sein Hilfswerk. 1951 besuchte er jene in den Flüchtlingsbaracken lebenden Menschen in Österreich und Deutschland. Danach engagierte er sich für die Bărăgan-Deportierten, Displaced Persons aus Rumänien.

Annemarie Ackermann war beeindruckt von der Freiheit der Menschen in New York auf der einen und der immer noch ländlichen Prägung auf der anderen Seite. „Es geht zu wie im Dorf", schilderte sie, „man begrüßt sich über den Zaun hinweg mit einem Hello und erzählt über dies und das." Mit den vielen jüdischen Mitbürgerinnen und Mitbürgern, die man in New York treffe, könne man „deitsch, jiddisch, polnisch, russisch, englisch, serbisch, ungarisch, und alle diese Sprachen auf einmal ... sprechen". Man lebe hier wie Gott in Frankreich – es gebe Melonen, Pfirsiche, Trauben, Kirschen, Bananen, Orangen, Ringlo, Kukuruz, Paprika, Kürbis, Gurken, überhaupt alles und alles zur gleichen Zeit. „Ich esse, was in mich reingeht an Obst. Und Fleischportionen gibt es hier, die fast nicht zu bewältigen sind, dafür aber kein Gemüse. Wie ich mich fühle, merkt ihr ja. Ich bin recht gut aufgelegt, nur die Hitze macht mir zu schaffen."

Auch in den Vereinigten Staaten hielt Annemarie Ackermann einige Reden. Zunächst besuchte sie Chicago. Hier schrieb sie ihrer Familie eine mit weiteren neun Unterschriften versehene Karte: „Herzliche Grüße, ich fühle mich wie in Neusatz in diesem netten Kreis von alten Freunden." Danach ging es weiter nach Mansfield und nach Cleveland in Ohio.[212] Dort sprach sie in der Banater Halle. „Pflegt Eure Muttersprache", riet sie ihnen. Es waren ihr Sprachmischungen zu Ohren gekommen, die zwar einerseits darauf hindeuteten, dass sich ihre Landsleute in den Vereinigten Staaten bereits akklimatisiert hatten. „Ring mal dr beller", hieß es beispielsweise. Oder eine gute Bekannte meinte mit Blick auf die Highways: „Geb' owacht uf dr Träffik, sunscht gebt's an Äksident." Danach ging es nach Michigan und von hier aus nach Cincinnati. Die Fahrt nach Los Angeles dauerte von dort aus zwölf Stunden. Weitere Stationen: New York, Washington und Trenton (New Jersey).

In Washington führte Annemarie Gespräche mit Regierungsvertretern über die Flüchtlingsfrage in Europa. In ihrem Tagebuch erwähnt sie, dass sie in Trenton sogar eine Ehrenbürger-Urkunde verliehen bekam. Am 4. August hatte man in New York eine Abschiedsfeier für sie vorbereitet und alle Mitfeiernden hatten ihre Namen auf einer Tischdecke verewigt, die ihr als Geschenk überreicht wurde.[213] Von dort aus fuhr sie am nächsten Tag mit dem Schiff „Home Lines" zurück nach Hamburg.

„Die Zusammenarbeit ist sehr, sehr gut“ Presse- und Informationsamt

Konrad Adenauer erkannte früh die Bedeutung der Medien, deshalb schuf er das Presse- und Informationsamt. Dort führte er unter anderem sogenannte „Teegespräche“. So wurden jene Hintergrundgespräche bezeichnet, in denen er den Pressevertretern die Grundzüge seiner Politik nahebrachte. Sehr häufig sprach er darüber, wie wichtig militärische Stärke sei. Frauen waren bei diesen Gesprächen nicht vorgesehen.[214]

Obwohl die Wahl-Arithmetiker den siebten Platz der Landesliste als absolut sicher bezeichneten, gelang es Annemarie Ackermann in der dritten Legislaturperiode nicht, ihren Platz im Bundestag zu verteidigen. Ihr mittlerweile angegriffener Gesundheitszustand und die bevorstehende Scheidung ermöglichten ihr darüber hinaus auch keinen überaus engagierten Wahlkampf. Zudem verlor die CDU bei der Wahl im Oktober 1961 die absolute Mehrheit.

Fünf Monate vor ihrer Scheidung nach 31 Ehejahren, im März 1962, nahm sie ihre Tätigkeit im Presse- und Informationsamt auf und blieb dort zeit ihres beruflichen Lebens. Diese wurde nur durch eine Legislaturperiode von knapp zehn Monaten unterbrochen, in der sie als Nachrückerin für den Abgeordneten Gerhard Fritz 1965 ein Mandat im vierten Bundestag erhielt.

Ihr Wirken im Presse- und Informationsamt der Bundesregierung – und damit auch der Rückzug aus der „großen“ Politik – war zuerst durch mehrere nicht unwesentliche Hürden gekennzeichnet. Zu Beginn hangelte sie sich von einem, meist auf drei Monate befristeten Vertrag, zum nächsten. Es sollte bis zum April des Jahres 1964 dauern, jenem Jahr, in dem sie einen Herzinfarkt erlitt, bis sie schließlich in ein Angestelltenverhältnis übernommen wurde. Dabei dachten die Personalverantwortlichen zunächst gar nicht daran, sie in ihrem bisherigen Tätigkeitsbereich der informationspolitischen und publizistischen Betreuung von „Gastarbeitern", einzusetzen; für sie wurde der Bereich der „Frauenpublizistik" in Erwägung gezogen. Dieses Etikett ist aus heutiger Sicht interessant, weil das Pendant „Männerpublizistik" nicht existiert.

Es wurde auch diskutiert, ob sie nicht beim Deutschlandfunk oder in der Bundesanstalt für Arbeit in Nürnberg sinnvoll eingesetzt werden könnte. Die Deutsche Welle des Deutschlandfunks war insbesondere an Annemaries ungarischen und kroatischen Sprachkenntnissen sowie an ihren Erfahrungen mit „Gastarbeitern" interessiert. Annemarie wollte aber vermeiden, allein aufgrund ihrer Sprachkenntnisse in einen Arbeitsbereich hineingezogen zu werden, in dem sie mit politischen Angelegenheiten in Richtung Jugoslawien befasst sein würde.[215]

Ein Wirken in der Bundesanstalt für Arbeit in Nürnberg hätte für sie einen erneuten Ortswechsel bedeutet, den sie sich selbst nicht zumuten wollte. Seit Längerem schon dachte sie daran, sich in der Bonner Umgebung niederzulassen. Zu Beginn ihrer vierten Amtsperiode zog sie nach Königswinter bei Bonn.

Schließlich fand Ackermann mehrere Fürsprecher im Deutschen Bundestag. Der Politiker Berthold Martin verfasste ein Schreiben an das Presse- und Informationsamt: „Sie [Frau Ackermann] soll einen Vertrag haben, der immer nur drei Monate Gültigkeit hat und nur in diesem Turnus erneuert wird. Ein so kurz befristeter Anstellungsvertrag gibt eine Lebensunsicherheit, die, wie ich glaube, für eine ehemalige bewährte Bundestagsabgeordnete nicht ganz entsprechend sein dürfte." Darüber hinaus verwies er auf ihr schweres Schicksal.[216] Freiherr zu Guttenberg, ebenfalls Mitglied des Bundestages, äußerte sich in ähnlicher Weise: „Auch ich bin der Auffassung, dass Frau Ackermann i. S. des Schreibens des Herrn Dr. Martin geholfen werden sollte. Ich darf Sie daher bitten, jede Möglichkeit zu überprüfen, diese von Herrn Dr. Martin angeregte Besserstellung der Frau Ackermann zu erreichen."[217]

Dass die informationspolitische und publizistische Betreuung der „Gastarbeiter" durchaus ein „gerade sehr glückliches Betätigungsfeld für Frau Ackermann" sei, bekräftigte Familienminister Franz-Josef Wuermeling. Schließlich fand Annemarie Ackermann in diesem Bereich eine dauerhafte Anstellung.

Durch den Zuzug und die tatkräftige Mithilfe von „Gastarbeitern" aus Italien, Griechenland, der Türkei und Spanien wurde der Beginn der wirtschaftlichen Blüte Deutschlands eingeleitet. Annemarie Ackermann widmete sich ihrer neuen Aufgabe gewissenhaft. Sie wertete Statistiken der Bundesanstalt für Arbeitslosenvermittlung und Arbeitslosenversicherung ebenso aus wie die Berichte der Landesarbeitsämter. Sie fertigte Karteien über Film, Rundfunk, Presse und Broschüren der „Gastarbeiter" an und hielt Kontakt mit den Redaktionen muttersprachlicher Zeitschriften. Dazu gehörten beispielsweise die *Corriere d'Italia*, *Ecco* und *Sole d'Italia*, die Zeitungen *Avancada*, *Grito* und *Hellas*.

Darüber hinaus verwaltete sie jene Broschüren und Filme, welche den Gästen das Leben in Deutschland nahebringen sollten und besuchte auch deren Filmvorführungen. Auch die Förderung muttersprachlicher Rundfunksendungen gehörte zu ihren Aufgaben. Sie listete jene Zentren, Heime und Siedlungen auf, in denen sich die Arbeiterinnen und Arbeiter aufhielten und in denen sie lebten. Sie wusste, wer für die seelsorgliche Betreuung der jeweiligen Klientel zuständig war, kannte jede Fürsorgerin und jeden Fürsorger. Sie war vernetzt mit allen karitativen und kirchlichen Stellen oder Hilfsorganisationen und mit den Vertretern der Arbeitgeber, insbesondere jenen des Steinkohlebergbaus. Sie korrespondierte sowohl mit den Abgeordneten des Bundesarbeitsministeriums als auch mit jenen des Vertriebenenministeriums und mit dem Zentralkomitee der deutschen Katholiken.[218] Es gehörte auch zu ihren Aufgaben, Radiosendungen anzuhören, die sich mit der Sowjetischen Besatzungszone befassten.

1968 verbrachte Annemarie gemeinsam mit ihrem jüngsten Sohn Harro einen Urlaub in Spanien. Auf dem Rückweg kam der Wagen von der kurvigen und abschüssigen Straße ab und überschlug sich mehrfach. Annemarie Ackermanns erste Operation verlief nahezu ergebnislos, ein Gipsbett stabilisierte ihre Wirbelsäule, ihre ohnehin angeschlagene Gesundheit wurde allerdings nachhaltig angegriffen.

Aufgrund zunehmender gesundheitlicher Beschwerden musste Annemarie Ackermann 1971 ihre Tätigkeit im Presse- und Informationsamt aufgeben. Bereits 1974 trat eine Härtefallregelung für sie in Kraft – kurz nachdem es in Chile einen Umsturz gegeben hatte und ihre jüngste Tochter und ihre Familie von dort zurückkehrten. Dem Auflösungsvertrag, um den sie der Personalverantwortliche mit Ablauf des 30. April 1975 bat, stimmte sie nicht zu. Ab 1978, als sie das 65. Lebensjahr vollendet hatte, erhielt Annemarie Ackermann Ruhegeld. Ihren Ruhestand verbrachte sie in Vinxel bei Bonn.

In der Volkshochschule und in anderen Bildungseinrichtungen wurde sie im Anschluss an ihre berufliche Tätigkeit als Referentin für Südost- und Afrikafragen gern angefragt. Sie liebte es auch, ihr Geschick beim Handarbeiten weiterzugeben. Trotz ihrer Krücken – und nach zwei Wirbelsäulenoperationen saß sie im Rollstuhl –, nahm sie an den Treffen der ehemaligen Parlamentarier teil, die einen eigenen Verein gegründet hatten, und verfolgte weiterhin interessiert die Tagespolitik in den Medien. Darüber hinaus engagierte sie sich in ihrer Heimatpfarrei. Später, als ihre Kräfte zunehmend nachließen, widmete sie sich vor allem ihren Enkel- und Urenkelkindern mit großer Freude.

Trotz aller Schwierigkeiten, die Annemarie und Matthias zu überwinden hatten, fühlte sich Annemarie Ackermann mit ihrem Mann, der später eine neue Ehe mit einer Heidelbergerin einging, zeit ihres Lebens durch ein unsichtbares Band verbunden. Auch ihr Bestreben, die Ehe annullieren zu lassen, änderte daran nichts. Ihre Ehe, so könnte man rückblickend sagen, wurde sicher nicht aus freien Stücken geschlossen. Sie basierte auf dem Versprechen, das sie ihrer Schwester Maria Anna gegeben hatte. Im Unterschied zu anderen Paaren war es den beiden aber leider nicht vergönnt, das, was sie an Beschwerlichem miteinander gemeistert hatten, hinter sich zu lassen.

VI. Goodwill-Delegation in Afrika[219]

Wir Deutschen können froh und glücklich sein, dass wir seit 1918 keine Kolonien mehr haben.
(Gustav Heinemann)

Landeanflug auf Dakar

Annemarie Ackermann gehörte der ersten Goodwill-Delegation des deutschen Bundestages an, die nach dem Zweiten Weltkrieg Afrika im Jahre 1959 besuchte. Eine Duftmelange aus Moschus, Amber und Sandelholz und einem Hauch von Zimt entfaltete sich auf Annemaries Handgelenken. Sie hatte das Parfum „Dans la Nuit" bei ihrer Zwischenlandung in Paris erstanden.

Auf dem Flug nach Dakar war an Schlafen nicht zu denken, „es ist heiß, man sieht nichts, später den Mond, dann die Sterne – aber ganz herrlich und so nahe, so groß – es tut sich nichts, die Sessel sind bequem, man müsste eigentlich gut schlafen können und einige der Herren und Damen tun es auch ausgiebig – die Luftdüsen rauschen – ich hab Kopfweh und bisserl Angst vor der eigenen Courage – doch es ist nun mal so, ich muss jetzt versuchen durchzuhalten".[220]

Neben Ackermann saß Lucie Beyer (1914–2008), Mitglied des Bundestages, die sich für die Gleichstellung der Frau in Beruf und Gesellschaft und für die Frauen im Deutschen Gewerkschaftsbund starkmachte. Vehement vertrat sie die Ansicht, dass Demokratie ohne die Mitwirkung der Frauen überhaupt nicht zu denken sei. Der öffentliche Raum müsse von ihnen unbedingt eingenommen werden. Sie ermunterte die Frauen auch, gegen ungerechte Entlohnung zu klagen.[221]

Sie war die Erste der Sozialdemokratinnen, die 1956 einen Führerschein erworben hatte. Damit war sie einige Jahre später dran als die passionierte Wagenlenkerin Annemarie Ackermann. Und während Lucie Beyer kein Problem mit einem verbeulten Auto hatte, achtete Ackermann darauf, jeden Kratzer zu vermeiden.

Beide engagierten sich für Geflüchtete. Auch das Delegationsmitglied Jakob Franzen[222] beteiligte sich gelegentlich an ihrem Gespräch. Hermann Ehren[223] gehörte ebenso zur Delegation wie der spätere Bundespräsident Gustav Heinemann[224]. Gustav-Adolf Gedat[225], der Sechste im Bunde, hatte die Funktion des Koordinators inne, da er bereits Tagungen und Schulungsreisen in Afrika absolviert hatte.

Annemarie drehte ihre Armbanduhr um eine Stunde zurück. Es war noch dunkel, als sie landeten. Die Luft war feuchtwarm, ein Wolkenbruch war niedergegangen. Sie sahen nur die Konturen der Bucht, die Schaumkronen des Meeres und die Lichter der senegalesischen Hauptstadt. Ein Vertreter der Botschaft hieß sie auf afrikanischem Boden willkommen und bei einem Kaffee erfuhren sie vieles über die Gepflogenheiten des Landes. Die Reise war in einer Kooperation mit dem englischen Botschafter organisiert worden und kleine Flugzeuge, in denen das Cockpit nicht vom Passagierraum getrennt war, sollten sie von einem Land in das nächste bringen.

Bei ihrem folgenden Flug wurden sie von der einheimischen Bevölkerung begleitet. Die Kinder waren herausgeputzt, ihr Haar in unzählige Scheitel geteilt, zu vielen dünnen Zöpfen geflochten und mit bunten Bändern zusammengehalten. Schließlich wurde über den Wolken ein reichhaltiges Frühstück serviert, mit Omelett, Schinken, Butter, Marmelade und Kaffee.

Liberia

Nach gut zwei Stunden landeten sie auf dem größten Flughafen Liberias, dem Roberts International Airport. Ein Gesandter der deutschen Botschaft namens Türk empfing die kleine Delegation. Auch der Leiter des liberianischen Protokolls hieß sie herzlich willkommen. Eine Lehramtsstudentin, Miss Yo, wurde ihnen zur Seite gestellt. Sie würde alle ihre Fragen beantworten.

Zunächst besichtigte die Delegation die unweit des Flughafens gelegenen Firestone Gummiplantagen mit 12 Millionen Gummibäumen. „Die farbigen Arbeiter bekommen 45 Cent pro Tag an Lohn, leben von Reis, Rüben und Bambusmark, Fischen und Palmöl. Auf der Plantage sind zum Teil Ziegelhäuser, doch auch noch viele Hütten und Krals“[226], notierte Annemarie Ackermann in ihr Tagebuch.

Gustav Heinemann und Gustav-Adolf Gedat gerieten im Verlaufe ihres Aufenthaltes immer wieder aneinander, was kein Wunder war, da auch ihr Menschenbild unterschiedlicher nicht hätte sein können. Zwar von unterschiedlichem Demokratieverständnis geleitet, beschlossen sie dann aber, nach außen hin geschlossen aufzutreten. Gustav Heinemann gehörte während der Zeit des Nationalsozialismus einer regimekritischen Untergrundkirche an. Vier Jahre nach dem Ende des Krieges wurde er Bundesinnenminister, trat jedoch nach einem Jahr von seinem Amt zurück, da er nicht akzeptieren konnte, dass Konrad Adenauer den Westmächten deutsche Unterstützung für eine europäische Armee angeboten hatte, ohne dies mit ihm abzusprechen. In der Folge war er Mitbegründer einer pazifistischen Partei, die jedoch nicht lange bestand. Später trat er der SPD bei.

Gustav-Adolf Gedat hatte bereits zwei Bücher mit dem Titel *Was wird aus diesem Afrika?* verfasst und lächelte meist nur wissend, wenn die anderen neugierig ihre Fragen stellten oder von ihren Eindrücken bewegt waren. In seiner Funktion als Mitarbeiter der Young Men's Christian Association (YMCA), hierzulande bekannt unter dem Namen Christlicher Verein junger Menschen (CVJM), hatte er sich bereits eine gewisse Reputation als Afrika-Experte erworben. Seine

Aufgabe sah er darin, die Verbindungen seines Vereins mit den Missionen verschiedener Konfessionen auf dem afrikanischen Kontinent zu stärken. Im zweiten Band vertritt er die These, dass der Europäische Kontinent nur durch eine intensive Zusammenarbeit mit Afrika seine wirtschaftlichen und sozialen Probleme lösen könne. Afrika begriff er als „Lebens- und Ergänzungsraum" des Europäischen Kontinents. Der europäischen Kultur komme es zu, technische Entwicklungen weiterzugeben.

In Monrovia war Flaggentag. Die Menschen feierten das Hissen der allerersten Flagge. „Alle Läden waren zu [...] und die Straßen waren voller Menschen in festlichen Kleidern. [...] Die Frauen tragen die Kinder auf dem Rücken angebunden, die Kinder sind fast alle barfüßig, kauen an Bambusstängelchen und sind vergnügt",[227] so schilderte Annemarie Ackermann ihren Eindruck. Ihr Hotel lag am anderen Ende der Stadt. Der Chauffeur brachte sie über den Mesurado Fluss. Die Straße fiel schließlich steil abwärts zur Atlantikküste.

Das luxuriöse Hotel wurde von einer der führenden amerikanischen Firmen großer Gummiplantagen betrieben – was bedeutete, dass hier eine vollkommene wirtschaftliche Abhängigkeit von den USA bestand. „Ich bin mit Frau Beyer zusammen, es ist ganz gut so, man lernt sich wenigstens endlich kennen."[228] Im Kapitol wurde ihnen liberianischer Lunch mit Ziegensuppe serviert. „Was uns aber in der Stadt Monrovia zutiefst erschütterte, waren die Kinder an den Straßenrändern mit ihren dünnen Armen und Beinen und meist dicken Bäuchen. Hier wurden für uns zum ersten Mal der große Hunger und die Armut in der Bevölkerung sichtbar"[229], so Lucie Beyer.

Liberia wurde durch den transatlantischen Sklavenhandel geprägt. Im frühen 19. Jahrhundert entwickelte eine Gruppe einflussreicher weißer Amerikaner den Plan, befreite Sklaven zurück nach Afrika zu bringen. Und tatsächlich siedelte sich die „amerikanische Kolonialisierungsgesellschaft“ (ACS) ab 1822 in dieser Gegend an. 1847 wurde Liberia schließlich von den sogenannten Ameriko-Liberianern gegründet. Die Vereinigten Staaten übernahmen 1908 die Finanzaufsicht und beschlossen 1950 ein Beistandsabkommen zur Erschließung des Landes. So konnte kein Weißer in Liberia Land erwerben oder Staatsbürger werden. Aus den ehemaligen Sklaven waren allerdings über Nacht Kolonialherren geworden. Sie ließen die indigene Bevölkerung für sich auf ihren Baumwoll-, Bananen-, und Kautschukplantagen arbeiten – zu äußerst geringen Löhnen, wie Annemarie Ackermann bereits notiert hatte. Die Aufarbeitung der zahlreichen sich daran anschließenden Kriegsgräuel hält noch an.

Am Dienstag, den 25. August, wurde die Delegation von Präsident William Vacanarat Shadrach Tubman (1895–1971), der sein Amt bereits 1944 antritt, persönlich empfangen. Sie tauschten sich über Löhne, Preise und den Handel aus. Annemarie Ackermann stellte fest, dass es zehn Abgeordnete gab. Die stellvertretende Ministerin war eine Frau. Später erfuhr sie von ihrer Begleiterin, warum meist Frauen die stellvertretenden Ministerposten innehatten. Auf diese Weise versorgten die Staatsoberhäupter ihre Ex-Frauen, so Miss Yo. Obwohl es auf die deutsche Delegation befremdlich wirkte, fanden die Menschen innerhalb des Landes die Lösung der Versorgungsfrage dem Anschein nach in Ordnung. Beim Abschiedsfest trug die verabschiedete Gattin des Präsidenten eine grüne, von Gold durchwirkte Tracht. Diese trug sie auch – Jahre später –, als sie als ständige Delegierte Liberias Berlin besuchte.

Am folgenden Tag traf sich die Delegation im Kultusministerium von Monrovia. Dort erfuhren die Delegierten, dass 65 Prozent der Kinder vom Unterricht gar nicht erreicht werden, es gebe kaum Lehrpersonal oder Schulen. Sie besichtigten auch die Universität und sprachen über schulische und vorschulische Themen. Es wäre interessant, mehr darüber zu erfahren, welche Argumente Annemarie Ackermann in ihrem Vortrag *Kochtopf oder Politik?* bei der YMCA-Versammlung zur Sprache brachte, aber leider gibt es in den Archiven keine Unterlagen hierzu.

Sie trafen viele Menschen, die sich von ihren Löhnen nur das Notwendigste kaufen konnten. Die Auslandsfirmen und die Ameriko-Liberianer beuteten die einheimische Bevölkerung aus. Eine Kranken- oder gar eine Altersversorgung gab es nicht. Jeder, der die Chance hatte, etwas zu verdienen, teilte seinen Verdienst mit seinem ganzen Clan. Gustav Heinemann sprach aus, was die meisten dachten: „Wir Deutschen können froh und glücklich sein, dass wir seit 1918 keine Kolonien mehr haben, denn Menschen mit schlechtem Charakter gibt es in allen Ländern der Erde.“[230]

Als Annemarie Ackermann und Lucie Beyer am nächsten Tag in den Frühstücksraum kamen, erfuhren sie, dass Heinemanns Statement die Schlagzeile der Tageszeitung bestimmte und nicht ihm, sondern Gustav-Adolf Gedat zugeordnet wurde. Sie würden in schwere diplomatische Verwicklungen geraten, echauffierte dieser sich. Tatsächlich passierte allerdings auf der diplomatischen Ebene nichts. Im Übrigen hatte auch die deutsche Kolonialmacht ihre zahlreichen Kolonien nachhaltig geschwächt. Und auch in Bezug auf den transatlantischen Sklavenhandel war Deutschland nicht nur passiver Beobachter.

Elfenbeinküste

Die Unterkunft der Delegation in der Republik der Elfenbeinküste, der Côte d'Ivoire, lag innerhalb des Areals des Instituts für Agrikultur mitten im Regenwald. Die feuchte Luft durchnässte die Kleidung, erst mit Hilfe eines Bügeleisens wurde die Garderobe zumindest vorübergehend trocken. Die

Schuhe trockneten nur am Ventilator. Ameisen, Grillen und Eidechsen tummelten sich in ihrem Schlafzimmer. Letztere wurden als Haustiere gehalten, da sie Jagd auf Moskitos machten. Nachts piepste und jaulte es ständig, „die Lagune ist gleich am Haus, drinnen sind Krokodile, Schlangen, kleine Bären, die auf den Bäumen leben und stundenlang schreien".[231] Hinzu kam das laute Brummen des Stromaggregats. Selbst beim Empfang des Ministerpräsidenten zwei Tage später schimmerten auf den Teppichen kleine Wasserperlen. Hermann Ehren war da an einem Punkt angelangt, an dem er ernsthaft in Erwägung zog, die Reise vorzeitig abzubrechen.

„Schon mal eine Kobra gegessen?", fragte Gustav-Adolf Gedat in die Runde, als mehrere Männer eine Schlange in den Speiseraum brachten, deren Haut sofort abgezogen wurde. Er blickte in die großen Augen seiner Kolleginnen und Kollegen, die überlegten, ob ihnen dieses Tier vielleicht als frittierte Speise serviert werden würde. Man konnte nicht bei jedem Bissen nachfragen. Annemarie Ackermann aß, was man ihr vorsetzte und zwang sich dazu, nicht weiter darüber nachzudenken. Nach den Vorspeisen gab es Fisch, Langusten, Geflügel, allerlei gebackene Früchte und Reis mit scharfer Soße. Nach dem Käse und dem Soufflé wurde Cognac aus Eierschalen getrunken.

Die Delegation konnte sich davon überzeugen, dass der Endverbraucherpreis den Erzeugerpreis, zum Beispiel von Tee oder Kaffee um ein Vielfaches überstieg. Davon profitierten vor allem die Exporteure. Die hohen Zölle und Steuern auf Waren, die die einzelnen Länder, auch die Bundesrepublik, erhoben, minderten den Absatz und damit die Devisen, welche diese Region dringend benötigt hätte. Deutschland gehörte zu jenen Ländern, die den Abbau der Zölle dazu nutzten, die Steuern in gleichem Umfang anzuheben. Auf diese Weise konnte der Absatz von Tee und Kaffee aus diesen Ländern nicht erhöht werden.

Bei ihrer Fahrt in den tropischen Regenwald sahen sie riesige Wälder mit Ebenholzbäumen, die ein besonders dunkles und kostbares Holz lieferten. Dieses edle Holz ohne sichtbare Jahresringe wird auch heute noch für den Instrumentenbau verwendet. Die Arbeiterinnen und Arbeiter, die für die Rodung eingesetzt wurden, litten unter den extrem harten Arbeitsbedingungen, vor allem unter der hohen Luftfeuchtigkeit. Viele starben an Insektenstichen. Die Firmen, welche die Rodung vornahmen, lagen in der Hand ausländischer Unternehmen.

In puncto Schulen, notierte Ackermann, sei die Elfenbeinküste mit seiner Hauptstadt Abidjan weiter entwickelt als Liberia. Und für die sieben Prozent der Studierenden sei es üblich, die ersten Semester in Afrika zu verbringen und die letzten drei Jahre in Frankreich. Im Parlament gab es „100 Abgeordnete, davon 82 schwarz, 18 weiß, keine Frau".[232]

Ein Jahr nachdem die Delegation der wohlhabenden Elfenbeinküste und ihrer Hauptstadt Abidjan einen Besuch abgestattet hatte, erklärte die Elfenbeinküste ihre Unabhängigkeit.

Ghana

Der amtierende Präsident Kwame Nkrumah (1909–1972) führte die Delegation, die diesmal in einem Hotel untergebracht war, vor eine große Landkarte, auf der ganz Afrika und seine Bodenschätze eingezeichnet waren. Seine Vision: die Vereinigung der afrikanischen Staaten.

Nkrumah legte der Delegation auch einen Besuch des Königreichs der Ashanti nahe. Der König hatte es bisher abgelehnt, sein kleines Reich dem Präsidenten zu unterstellen. 1896 bis 1901 wurde es zum englischen Protektorat Goldküste. Der König von Ashanti hatte zu dem Gespräch mehrere Kakaobauern eingeladen, da sie die größte Kakaoproduktion der Welt besaßen. „Mitten im Busch erwartete uns der König. Das Haus, in dem er wohnte, war mit wundervollen afrikanischen Schnitzereien aus Holz und Elfenbein ausgestattet. Die männlichen Gäste saßen auf kleinen geschnitzten Hockern und wussten nicht so recht, wohin sie die Beine stellen sollten. Unser Gastgeber thronte auf einem höheren, geschnitzten Stuhl“[233], während Annemarie Ackermann und ihre Kollegin neben ihm auf etwas höheren Hockern platziert wurden. Die Männer der Delegation mussten auf den niedrigen Schemeln Platz nehmen.

Da Lucie Beyer irrtümlicherweise als „Vice-Präsident of the German Cooperation“ bezeichnet wurde, fragte man sie wiederholt, welche Möglichkeiten es gebe, den Export der Waren aus Ghana, nämlich Kakao und Schokolade, nach Deutschland zu verbessern. Schließlich stellte man ihr die Frage, ob sie nicht vor Ort bleiben könne, um die Vermittlung zu den deutschen Genossenschaften vorzunehmen. Gustav Heinemann hatte im Scherz nachgefragt, wie viel man für die blonde Sozialdemokratin zahlen würde. 24 Kühe, antworteten die Gastgeber, auch ihre Kinder – sie hatte zwei Buben – seien herzlich willkommen. Der Grund für diese Antwort war, dass die Frauen in erster Linie als Arbeitskräfte betrachtet wurden. Heiratete eine Frau, bezahlte man ihren Angehörigen für den Verlust ihrer Arbeitskraft ein Entgelt. Und Kühe stellten in dieser landwirtschaftlich geprägten Welt einen dauerhaften Wert dar.

Ackermann notierte in ihr Notizbuch: „Ghana hat 200 000 Einwohner, 104 Abgeordnete (drei Parteien). Legislative beschließt und Vertreter Ihrer Majestät hat Gegenzeichnung, kann aber nicht ablehnen, also reine Formalitätssache – nur Repräsentation. Das Volk von Ghana bzw. die Regierung hatte für den Besuch von Königin Elisabeth alles vorbereitet: Straßenbau, Renovierung der Häuser, Tribünen.“[234] Aufgrund ihrer dritten Schwangerschaft wurde sie allerdings von ihrem Sohn vertreten.

Obwohl Annemarie Ackermann in ihrem Notizbuch vermerkt hatte, dass sie „Frauenbewegungsangehörige sprechen“

wolle, da die traditionelle Subsistenzwirtschaft vor allem von Frauen betrieben wird, ist nicht bekannt, ob es ihr gelungen ist, diesen Kontakt herzustellen.

Nigeria

Danach ging es nach Lagos, damals die Hauptstadt Nigerias. Die Delegation besuchte fünf Regionen des Landes, da die europäischen Kolonialherren die Reiche Nigerias nach Gutdünken zerschlugen – ohne auf Völker, Sprachen oder Kulturen zu achten. Eine deutsche Firma stellte sogenannte Fruchtbarkeitsgürtel aus billigen, bunten Kunststoffperlen her. Früher hatten die Frauen Früchte gesammelt, auf eine Kette gereiht und diese auf nackter Haut getragen. Den einheimischen Frauen nahm man auf diese Weise einen Teil der Verdienstmöglichkeiten. Darüber hinaus setzte man sich über ihren Brauch einfach hinweg.[235]

Anders als die Herren der Delegation konnte Annemarie Ackermann dem Nachtleben weniger abgewinnen. „Wir sehen morgen wieder sehr viel Neues und dazu muss man ausgeruht sein." Weiter schrieb sie: „Auch hier ist wieder alles feucht. Wir werden umsorgt und bewirtet wie noch nie, doch das alles hilft nichts gegen die großen Strapazen, wir werden zwölf Stunden täglich auf Tour gebracht."[236] Doch auch an diesem Ort erfuhren sie wieder eine große Zuneigung: „Wir werden hier vor lauter Liebe halb umgebracht, jeder möchte uns einladen, dabei ist unser Programm von morgens 8.00 Uhr bis 12.00 Uhr nachts ohne Pause durchgehend."[237]

Am nächsten Tag fuhren sie nach Ibadan, der Hauptstadt des Bundesstaates Oyo, und besuchten ein deutsches Lepra-Hospital. Es gab auch eine Baumwollplantage in Ibadan, deren Besitzer englische Staatsbürger waren. Auch hier stellten sie fest, dass die Produktionskosten – verglichen mit den Preisen in Europa – beträchtlich niedriger waren. Besonders die beiden weiblichen Delegationsmitglieder empörten sich darüber, dass die bunten Baumwollstoffe importiert werden mussten. Es befand sich keine Weberei oder Färberei vor Ort.

6600 Schulen gab es in Enugu, der Hauptstadt Südost-Nigerias, 6000 davon waren Missionsschulen. Nur die ersten drei Jahre waren kostenfrei, was zur Folge hatte, dass weniger Schülerinnen und Schüler die höheren Klassen besuchten. Zusammen zählte die Schule 730 000 Jungen und 490 000 Mädchen. „Der Ausbildungsgang ist in den unteren Klassen für Jungen und Mädchen gleich, in den höheren Klassen ist er verschieden – Mädchen werden für den Haushalt, Jungen für technische Dinge, zusätzlich zum ordentlichen Lehrplan, ausgebildet. Religiöser Unterricht ist wöchentlich, nach Konfession verschieden, mal mehr, mal weniger Stunden im Jahr. Fünf Millionen Dollar werden jährlich für die Schulen im ganzen Gouvernement Enugu ausgegeben. [...] 100 Stipendien gibt es jährlich für Begabte."[238]

Man benötigte die verschiedensten Berufe in Enugu, allen voran Ingenieure und Ärzte, Psychiater und Finanzbeamte. Sämtliche Berufsinteressierte sollen zunehmend nicht mehr von London aus akquiriert werden, sondern vor Ort. Annemarie Ackermann überlegte: „Vielleicht können wir, nachdem durch das neue Einkommensteuersystem weniger Fachleute Arbeit haben, Kräfte freibekommen und nach hier abgeben. In den Flüchtlingslagern gibt es sicher genug Kräfte, die herausgehen würden, wenn man ihnen gute Angebote macht."[239]

Die Delegation besichtigte auch eine sich über drei Stockwerke erstreckende Bibliothek. Es gab auch einen Bücherbus, der die umliegenden Dörfer mit Büchern versorgte. Ebenso modern waren die Universität und die Universitätskliniken. Ein Arzt zeigte ihnen die Schwesternschule, den Theatersaal samt Bühne, das Kino und das Internat, in dem 340 Schwestern- und Hebammen-Schülerinnen wohnen konnten.

Am Sonntag ging Annemarie Ackermann mit Hermann Ehren und Jakob Franzen zur Kirche. Viele Gläubige kamen von sehr weit her. Anders als in Deutschland empfingen mehrere hundert Menschen die Kommunion. Sie sah Mütter mit ihren Kindern, die sie am Rücken in einem Tragetuch festgebunden hatten. Schrien die Kinder, wurden sie in der Kirche gestillt und trockengelegt. Wer müde war, legte den Kopf auf die Bank und schlief.[240]

Sie erhielten auch eine Einladung vom englischen Gouverneur. Nach dem Essen wurde ihnen bedeutet, dass sie den Raum zu verlassen hätten. Auf die Frage, was die Männer denn ohne ihre Anwesenheit nun machen würden, hieß es, sie würden über Politik reden. Eine der Damen sagte ihnen, dass sie sich auch Witze erzählen würden. Annemarie Ackermann und Lucie Beyer erklärten, dass sie eine Abgeordneten-Delegation seien und aus diesem Grund Gespräche nur gemeinsam geführt werden könnten.[241]

Kamerun

Schließlich kam die Delegation in Kamerun an, im „Afrique en miniature“. Hier waren sie dem Äquator ganz nah.

Zur Begrüßung wurde Ananas gereicht. Nirgendwo sonst „sahen wir so eine systematische Anlage von Plantagen: In Gevierte aufgeteilt und geordnet“.[242]

Die Geschichte Kameruns ist seit 1884 von Kolonialismus und Rassismus geprägt. Die ehemalige deutsche Kolonialmacht teilte die Stadt Douala in ein europäisches und ein afrikanisches Gebiet. Diese Maßnahme sei aufgrund von hygienischen Verhältnissen unabdingbar, hieß es damals. Ähnlich wie zur Zeit des Nationalsozialismus ging man davon aus, dass Menschen mit weißer Hautfarbe jenen mit schwarzer überlegen seien und zerstörte gewaltsam gewachsene Strukturen.

Der Premierminister erklärte der Delegation, dass noch in diesem oder im nächsten Jahr eine Volksabstimmung über die Verfassung durchgeführt werden würde. „Erst wenn die politische Lage geklärt ist, will man je nach der neuen Lage handeln. Auf die Frage, ob man prokommunistisch eingestellt ist oder ob ein Teil der Regierung, der Parteien oder der Bevölkerung eine Anlehnung an den Osten will, wurde ganz entschieden verneint. [...] Vor allem gibt es riesengroße Bananenplantagen, seit einigen Jahren Tee, Gummi, in größeren Mengen Kakao, Kaffee und Erz. Man ist an deutschen Fachkräften interessiert, die vor allem die Ausbildung hier im Lande vornehmen sollen. Dies gilt für alle Gebiete – technisch, pflegerisch, handwerklich, Säuglingspflege, Krankenpflege, Haushaltsschulen, Sozialberufe, Betreuung, Genossenschaftswesen, Gewerkschaft usw. Ärzte werden gebraucht, sowohl allgemeine als auch Fachärzte, vor allem aber Missionsschwestern und Patres für Schulen und allgemeine Volksbildung, für Krankenpflege und Haushaltslehre."[243] Man wünsche sich wieder deutsche Missionare in Kamerun, hieß es, sowohl Schwestern als auch Patres, da die Erinnerung an sie sehr gut sei.

„Was uns aber immer wieder beeindruckte, war die Ehrfurcht, mit der unser Gastgeber vor jeder kleinen Brücke und manchem heruntergekommenen Gebäude das Auto anhalten ließ, sich vor das Bauwerk stellte, die Hand an den Hut legte und immer wieder sagte: ‚That's from the Germans.'"[244] Er bemerkte dabei nicht, dass diese Baudenkmäler eher bedrückend auf die Delegation wirkten. Überhaupt waren die Erlebnisse tendenziell beklemmend. Dies lag nicht an der fehlenden Gastfreundschaft – im Gegenteil –, sondern an den vielen kolonialen Spuren, die sich unbarmherzig in den alltäglichen Dingen spiegelten.

Von Sorge erfüllt nahmen die Delegierten wahr, dass alle diese Länder von Gewalt und kriegerischen Auseinandersetzungen geprägt waren.

Koloniale Fragmente

Überall auf der Welt werden heute Statuen, die Kolonialherren oder Sklavenhalter ehren, beschmiert oder zerstört. Es gibt einige Aktivistinnen und Aktivisten, die sich dafür einsetzen, dass die Statuen aus der Kolonialzeit komplett verschwinden. Es existieren aber auch Gegenstimmen, die diese Aktionen kritisieren, weil man befürchtet, dass sich zu einem späteren Zeitpunkt niemand mehr an diese Epoche erinnern kann.

Die Delegation stieß im Jahr vor der Dekolonisation, also in jenem Jahr, in dem die meisten Länder ihre Unabhängigkeit zurückerhielten (1960), überall auf massive koloniale Fragmente. Sie nahm die strukturelle Gewalt, Auswirkungen der willkürlichen Grenzziehungen, die heutzutage zum Beispiel durch das Land Grabbing fortgesetzt werden, sehr bewusst wahr. Grundlage dieses Denkens sind die Nachwirkungen der rassifizierenden Diskurse, die bereits im 18. Jahrhundert einsetzten und sich im 19. Jahrhundert auf einer pseudowissenschaftlichen Basis intensivierten.[215] Die Ausführungen zeigen auch, dass der Diskurs der Delegation naiv-fortschrittsoptimistisch akzentuiert war.

Alle Völker Afrikas tragen das Trauma der Gewaltherrschaft in sich. Denn die Arbeiter auf den Plantagen arbeiteten während der kolonialen Besatzung nicht freiwillig, sondern wurden zur Arbeit gezwungen. Wer seine Steuern nicht zahlen konnte, wurde ins Landesinnere verschleppt. Kooperierte ein Dorfoberhaupt nicht, wurde es verprügelt, verbannt oder getötet. Manche schickte man ins Exil, wohl wissend, dass man sie dort entwurzelte. Während die englischen Missionsschulen die Kinder auch in den Landessprachen unterstützten, wurde von den deutschen Kolonialherren der Unterricht vor allem auf Deutsch durchgesetzt. Sogar die Infrastrukturen wurden meist nicht als Unterstützung, sondern zum Zweck der Ausbeutung geschaffen. Hinzu kam die systematische Benachteiligung der Frauen.

Wodurch legitimierten die Kolonialherren ihren Anspruch auf einen „Platz in der Sonne"? Ähnlich wie zur Zeit des Nationalsozialismus gingen sie von einem statischen, in sich geschlossenen Kulturverständnis aus. Selbst jene, die den Menschen in den Mittelpunkt stellten, wie etwa die Missionare, gingen immer noch von der eigenen Perspektive aus, hatten die eigene Brille auf der Nase. Derjenige, der betrachtete, ermächtigte sich selbst, notfalls mit Waffen, welche jenen der einheimischen Bevölkerung überlegen waren. Die Spaltung wurde sorgfältig entlang der Hautfarben arrangiert.

Dieter Senghaas[246] machte darauf aufmerksam, dass Kulturen, die in sich geschlossen zu sein scheinen, in Wirklichkeit ganz unterschiedliche Facetten in sich bergen. Dass Kulturen keine Gesteinsbrocken sind, sondern durch viele verschiedene Praktiken und Ansichten lose miteinander verbunden sind. Sie verbandeln sich, verästeln sich, verknoten sich und entknoten sich wieder. Dabei überlappen sich auch die verschiedenen zeitlichen Perspektiven. Das monolithhafte Denken hingegen spaltet und fördert die Ausgrenzung, das Othering.

Um aus der Matrix der Vergangenheit auszusteigen, geht es auch hier um eine neue Form des Erzählens. Und dazu braucht man mehrere Geschichten, wie die bekannte Autorin Chimamanda Ngozi Adichie forderte. Denn es existiert nicht nur eine einzige Geschichte über Afrika, jene mitleiderregende Geschichte der Ausbeutung. Es gibt noch unzählige andere Geschichten. Über die Schönheit afrikanischer Länder, über großartige menschliche Gesten, über die Errungenschaften von Wissenschaftlerinnen und Wissenschaftlern, über Literatur und mehr. Sie alle gemeinsam würden erst das große Mosaik Afrika vervollständigen.

Wir verfügen über ein Mosaiksteinchen, eine kleine Geschichte von Annemarie Ackermanns Erlebnissen auf diesem Kontinent. Möge der Dialog fortgesetzt und um viele Geschichten erweitert werden.

VII. Und Otto?

Mein lieber Ottobub!
Sei mir bitte nicht böse, weil ich mich zum Advent nicht gemeldet habe, ich habe im Büro sehr viel Arbeit mit der Planung für das nächste Jahr. Aber damit Du doch eine Adventsfreude hast, will ich Dir schreiben, dass ich Dich zusammen mit Friedl über Weihnachten zu mir nach Bonn holen will. Ich habe Herrn Nist gefragt, ob er Dich am 21.12. nach Ludwigshafen bringen kann, dann hole ich Dich dort ab und am 27.12. fahre ich Dich mit Friedl wieder runter. Das wäre doch schön, nicht?

Also freue Dich auf Weihnachten und schreibe ganz schnell einen Wunschzettel für's Christkind und schicke ihn mir nach Bonn. Nächste Woche schreibe ich wieder, jetzt in aller Eile viele liebe Grüße und Bussis,

mit den besten Wünschen für eine friedliche Adventszeit.

Deine Mutti[247]

Otto antwortete seiner Mutter vier Tage später.[248] Von der zeitlichen Begrenzung seines Besuchs bis zum 27. Dezember 1962 will er nichts wissen; er dehnt den Aufenthalt „auf unbestimmte Zeit" aus. Der Wunschzettel, um den ihn seine Mutter gebeten hatte, war nebensächlich für ihn.

Liebe Mutti!

(...) Dass ich zu Dir kann, bestimmt, das würde mich sehr freuen. Etwas anderes zu sehen über die Feiertage, also zu Weihnachten. Hoffentlich klappt alles mit Glück. Ein besseres Essen täte mir wieder gut.

Wünschen will ich mir erst etwas, wenn wir zusammenkommen, am Freitag, den 21.12.1962, ***auf unbestimmte Zeit.*** *Du schreibst ja bitte genau, wann und wo wir uns in Ludwigshafen treffen können!*

Freue mich auf das Wiedersehen mit Harro, und Dir, Mutti! Sonst ist alles in Ordnung, Erkältung ist überstanden. Bis jetzt ist es noch kalt und trübe. Weihnachten wird es besser.

Grüße von Herrn Nist und Frau Reingans auch.

Auf baldiges Sehen und Glück wünscht Euch Otto – und noch Grüße auch.[249]

Weitere ärztliche Gutachten bezeugten seinen ernsten Gesundheitszustand. Da es mit dem Vater zu keinem finanziellen Einvernehmen kam, wurde Annemarie Ackermann, noch vor der Scheidung, zum Vormund ihres Sohnes bestellt. Im fortgeschrittenen Alter gab sie die Vormundschaft an ihre Tochter Friedl weiter, die später längere Zeit in Chile und in Uruguay verbrachte und die Fürsorge für Otto ihrer Schwester übertrug.

Annemarie Ackermanns „Heimgang" fand in ihrem 81. Lebensjahr an einem Februartag im unweit des Bundestages gelegenen Johanniter-Krankenhaus statt. „Euer Vater kommt mich holen", sagte sie eines Tages. Mehr sagte sie nicht. Matthias war acht Tage zuvor verstorben. Weder die Scheidung noch der Tod konnte die beiden offensichtlich voneinander trennen. Ihren Kindern hatte sie signalisiert, dass sie nicht mehr weiterleben wolle, wenn sie nach der Operation nicht mehr „die Alte" sein sollte.

Ihre Kinder hatten sich schließlich um ihr Krankenbett versammelt. Ria, Friedl, Herbert und Harro – nur Otto konnte sein Heim nicht verlassen. Auch die Ehepartner der Kinder waren anwesend sowie Friedls Kinder. In Verbundenheit denken sie auch heute noch dankbar an diesen Abschied.

Annemarie Ackermann wurde in Königswinter bei Bonn beigesetzt. In ihrem Testament hatte sie ihren Kindern ein Versprechen für Otto abgerungen. Sie sollten ihn nicht vergessen und gemeinsam für ihn sorgen. Und sie sollten es nicht versäumen, sich untereinander immer wieder zu treffen.

Auch nach ihrem Tod genoss Otto die Kontakte zu seinen Geschwistern. Bei Friedl war er stets willkommen. Auch seine Schwester Ria holte ihn, solange es ihr möglich war, zu Weihnachten oder in der Osterzeit zu sich. „Er kam nie ohne kleine Geschenke für alle Familienmitglieder. Auch die alljährlichen Treffen mit den Geschwistern und ihren Familien, die ihn in ihre Häuser brachten, hat er sehr genossen. Auch da hatte er für alle Kinder stets Schokolade dabei. [...] Gern und regelmäßig haben wir Karten gespielt, auch zusammen mit den Enkeln verschiedene Brettspiele oder Schach."[250] Im Spiel war Otto fast ausnahmslos der Gewinner.

Siebzehn Jahre nach dem Tod seiner Mutter, im Jahre 2011, trat Otto seine letzte Reise an. Es war ein warmer Tag im Juli, als er neben seiner Mutter Annemarie beigesetzt wurde.

VIII. Das Geschenk der leeren Hände

Es gibt so etwas wie innere Heilung,
indem man Erinnerung an das verlorene Alte
in ein neues Leben aufnimmt.
(Fritz Stern)[251]

Spätestens jetzt stolpern Sie wahrscheinlich über diesen paradoxen Titel.

Was können leere Hände schenken? Warum waren Annemarie Ackermanns Hände leer? Obwohl sie durchaus auch positive Erfahrungen machte, wurde sie im Verlaufe ihres Lebens immer wieder diskriminiert oder an den Rand gedrängt – als Frau, als Geflüchtete oder Displaced Person sowie als Politikerin. Es können aber immer wieder auch Brüche in ihrer Biografie festgestellt werden.

Frausein

Annemarie Ackermann wusste, dass ihr Vater Jakob sich einen Jungen gewünscht hatte. Vermutlich verinnerlichte sie – bis zu einem gewissen Grad – das gesellschaftliche Vorurteil von der Minderwertigkeit der Frau. Es wurde möglicherweise dadurch noch vertieft, dass ihre Großmutter allem Anschein nach die Umstände der Geburt ihrer Mutter geheim halten musste, um keinen Diskriminierungen ausgesetzt zu sein. Dieser Gedanke von der weiblichen Minderwertigkeit wurde bei den Nationalsozialisten weiter vertieft.[252]

Annemarie Ackermann schwamm sich jedoch frei von den Pflicht- und Akzeptanzwerten, die sie an das Haus binden sollten. Sie fügte sich nicht bloß ihrer Geschichte, sie schrieb sie größtenteils selbst. So beanspruchte sie schon als junge Frau den öffentlichen Raum. Auch wenn ihr in den Wirren der Zeit und den vielen politischen Umbrüchen, denen sie ausgesetzt war, ein höherer Bildungsabschluss verwehrt blieb, gab sie das Wirken in der Öffentlichkeit nicht auf. Darüber hinaus folgte sie dem Mutterideal nicht in der von ihr erwarteten Weise. Obwohl sie es liebte, die Ihrigen zu versorgen, führte sie keine klassische „Kochtopf-Ehe", wie es damals üblich war. Zum anderen war sie bereit, ihre Kinder auch von fremden Personen erziehen zu lassen. Dabei steckte sie ihre Kinder in kein festes Rollenkorsett. Sowohl ihre Tochter als auch ihr Sohn erhielten Ballettunterricht. Von hier aus ergeben sich zahlreiche Schnittmengen zu ihrer Rolle der Geflüchteten sowie jener der Politikerin.

Flucht

Man kann annehmen, dass die vielen Missachtungen, ihre Erfahrungen mit Demütigungen und Entrechtungen, die sie schließlich durch den Krieg und die Flucht erdulden musste, sich auch in ihrem Körper und ihrer Psyche festschrieben. Immer wieder überlebte sie Bombenangriffe oder musste Vergewaltigungsszenarien ausweichen, vor denen sie sich selbst oder auch ihre älteste Tochter zu schützen hatte. Jener den Flüchtlingen üblicherweise unterstellte Schwäche und Hilfsbedürftigkeit setzte sie ihre körperliche und geistige Stärke entgegen. Dem Töten und Morden stellte sie während der Flucht das Leben gegenüber, indem sie ihrem jüngsten Sohn im Luftschutzkeller eines Krankenhauses das Leben schenkte.

Als Annemarie Ackermann mit ihrer Familie in Deutschland ankam, wurde sie als Fremde bezeichnet. Sie würde erst *wirklich* dazugehören, wenn die Erde eines Grabes sie bedecke, sagte man ihr. Denn die einheimische Bevölkerung befürchtete durch die Aufnahme der Flüchtlinge und Vertriebenen eine Überfremdung, der sie sich nicht gewachsen fühlte. Der Fremdenhass, der gegen alles Fremde bereits von den

Nationalsozialisten geschürt worden war, hatte sein Ventil in den zurückkehrenden deutschen Minderheiten gefunden. Da nützte auch eine kulturelle und sprachliche Nähe nichts.

Annemarie Ackermann ließ sich von diesem Vorurteil nicht einschüchtern und blieb kein Zaungast. Als Brückenbauerin sorgte sie zunächst an ihrem Wohnort dafür, dass – gemeinsam mit der einheimischen Bevölkerung – zum Beispiel Tanzveranstaltungen stattfanden. Einer der Gedanken, der sie dabei leitete, war, dass die jungen Männer auf andere Ideen kommen und den Anwerbeversuchen der französischen Fremdenlegion widerstehen sollten. Auch später, als Politikerin, brachte sie ein gewisses Verständnis für die Verletzlichkeit der aufnehmenden Gesellschaft auf. Aus diesem Grund bedankte sie sich auch immer wieder bei den Einheimischen. Sofort nach ihrer Ankunft in Deutschland betätigte sie sich in diversen Frauenvereinen. Es war ihr ein großes Anliegen, sich mit der aufnehmenden Gesellschaft zu verbinden.

Politik

Es war nie Annemarie Ackermanns Ziel gewesen, Politikerin zu werden. Ihr Beruf war ein Geschenk des Lebens an sie. Deshalb ist es nur folgerichtig, dass sie auch keine Claqueure benötigte. Den Tanz ums „goldene Selbst", wie Ulrich Beck es formulierte, beherrschte sie – zumindest nach außen hin – nicht. Als eine in vielen Bereichen empathische Person verfügte sie über soziales Gespür. Dabei ließ sie sich von der Verantwortung, die sie besonders für die Geflüchteten und Vertriebenen fühlte, leiten.

Das klassische Fluchtparadox[253] nämlich, dass die Geflüchteten oder Vertriebenen aufgrund ihrer fehlenden Staatsbürgerschaft keine Möglichkeit haben, über Gesetze mitzuentscheiden, die sie betreffen, traf für Annemarie Ackermann nicht zu. Zwar verfügte sie in den ersten Jahren auch noch über keine deutsche Staatsangehörigkeit, sorgte aber als „staatenlose Politikerin“ maßgeblich dafür, dass die Geflüchteten und Vertriebenen hierzulande eingebürgert werden konnten. Annemarie Ackermann akzeptierte keine Exklusion der Auslandsdeutschen.

Die Rollenzuschreibungen, die ihr als Frau zukamen, akzeptierte sie nur zum Teil. In den Ausschüssen, in denen sich meist ihre männlichen Kollegen äußerten, hielt sie sich zurück oder nahm sich „typisch weiblicher“ Themen an. Als Mitglied im Verteidigungsausschuss ging es ihr weniger um die Auf- oder Abrüstungspolitik, sondern darum, wie sich die Soldaten fühlen, wie sie untergebracht und ob sie gut versorgt sind. Aber selbst diese Rollenerwartung konterkarierte sie, zum Beispiel, indem sie – anders als die Männer des Ausschusses – einen wagemutigen Flug mit dem Düsenjet unternahm.

Einerseits könnte es sein, dass sie ihrer Sozialisation entsprechend den „harten“ politischen Diskurs den Männern überließ. Viel wahrscheinlicher aber ist es, dass sie subtile Ausschlüsse und Nichtbeachtung erfuhr. Misogynie war – und ist immer noch – en vogue. Auch historische Filmaufnahmen aus dem Bundestag zeigen, dass die meisten Redebeiträge von Politiker*innen* von den männlichen Politikern meist mit einem Lächeln quittiert wurden. Die Situation gestaltete sich vollkommen anders, wenn sie als Rednerin allein zu einer Wahlveranstaltung gerufen wurde oder wenn sie vor ihren Landsleuten sprach. Hier fand sie ihre Worte mühelos, füllte eine halbe Stunde mit ihrer Rede und verstand es, auf die unterschiedlichen Bedürfnisse der potenziellen Wählerinnen und Wähler einzugehen. Auf Wahlkampfveranstaltungen in vielen Pfälzer Dörfern berichtete sie über politische Entwicklungen, plauderte aus dem Nähkästchen und gab auch Empfehlungen darüber ab, wie man bestimmte Obstsorten, zum Beispiel die „Kwetsche“ (Zwetschgen) am besten vermarkten könne.

Politik, davon war sie überzeugt, muss die Voraussetzungen für ein Heimatgefühl schaffen und sei es nur ein sekundäres. Ihre eigene Herkunft war Wärme- und Kältefeld zugleich. Sie hatte erfahren, dass Heimat ein Ort sein konnte, der dem Einzelnen Schutz und Sicherheit bieten kann, aber auch das exakte Gegenteil davon. Es konnte Folklore, Behaglichkeit und vielleicht sogar ein bisschen Kitsch sein, aber auch Schmerz und Entfremdung. Und dennoch wurde ihr die Batschka zum lieb gewordenen Kind, dem sie sich ebenso gern widmete wie der europäischen Politik, die – als Quintessenz der beiden Weltkriege – unabdingbar geworden war.

Hinzu kam ihre verantwortlich gestaltete Beziehung zu Otto, der in gewisser Weise immer ein Kind blieb. Sowohl als Mutter als auch als „Bundesmutti" war sie nahezu rund um die Uhr verfügbar. Dabei stellte sie fast eine Avantgarde dar: „Allzeit mobil, extrem einsatzfreudig, jede noch so primitive Arbeit mit Elan ausführend, […] fähig, aus dem Nichts kreativ Neues zu schaffen, unbehaust etwas aufzubauen […]"[254] Dass sie bald unter einem Erschöpfungssyndrom zu leiden hatte, ist vor diesem Hintergrund nur allzu gut nachvollziehbar. Da konnten auch die Schlafkuren, die sie zuweilen verschrieben bekam, nichts daran ändern. Vor allem auch deshalb, weil sie diese meist in den Parlamentsferien „absolvierte".

Annemarie Ackermanns Bereitschaft, ihre Kräfte in diese umfassende Care-Arbeit zu stecken, belastete schließlich auch ihr Privatleben. Hinzu kommt, dass ihr Mann sich trotz größerer zeitlicher Ressourcen nicht um seinen Sohn Otto zu kümmern vermochte. Die Fürsorge für die gemeinsamen Kinder war ihr „Ressort", obwohl sie beruflich umfänglich eingespannt war und es naheliegt, dass sie vermutlich nicht jedem Kind gerecht werden konnte. Dass sie den Mut hatte, sich von ihrem Mann scheiden zu lassen, ist am ehesten dem Sachverhalt geschuldet, dass keine finanzielle Notwendigkeit darin bestand, eine Ehe zu einem Mann aufrechtzuerhalten, der sie zwar „heimgeführt“ hatte, jedoch nicht aus einer ganz freien Entscheidung heraus.

Ihr Wirken im Presse- und Informationsamt der Bundesregierung – und damit auch ihr Rückzug aus der „großen“ Politik – war zu Beginn durch mehrere Hürden gekennzeichnet. Zunächst hangelte sie sich von einem, meist auf drei Monate befristeten Vertrag zum nächsten. Es sollte bis zum April 1964 dauern, bis sie schließlich in ein Angestelltenverhältnis übernommen wurde – nur unterbrochen von einem einige Monate währenden Bundestagsmandat.

Auffällig war in jener Zeit, dass viel *über sie* gesprochen wurde, aber kaum *mit ihr*. Laut denkend riefen ihr die Personalverantwortlichen mögliche Einsatzfelder zu – so, als sei sie eine Schachfigur, die man auf dieses oder jenes Feld setzen könne: „Frauenpublizistik“, „Bundesanstalt für Arbeit“, „Deutschlandfunk“ und „Gastarbeiterbetreuung“ hieß es da. Und dann sogar: „Verlängerung der Probezeit“.

Dieser letzte berufliche Abschnitt stellte für sie persönlich einen Rückschritt dar. Sie hätte gern selbst mehr bewegt. Auch ihr Wunsch nach Sesshaftwerdung, nach einer zweiten Heimat, wurde erst gehört, nachdem sie sich die Rückendeckung von männlichen und namhaften Fürsprechern organisiert hatte.

Aufgrund ihres durchaus nachvollziehbaren Erschöpfungssyndroms und von einigen Krankheiten, die sie durch die entbehrungsreiche Flucht und auch durch den Unfall in Spanien erlitten hatte, entzog sie sich zunehmend den Zumutungen. Es folgten immer längere Krankschreibungen. Sie war nicht mehr bedingungslos verfügbar. In jenem Jahr, in dem sie ihre Festanstellung erhielt, bekam sie einen Herzinfarkt.

Das Geschenk

Worin bestand ihre Gabe? Sie drehte den Mechanismus einer Matrjoschka-Puppe einfach um: Aus der kleinsten Puppe kam eine größere hervor, sodann eine noch größere – und so fort. Als Zahnarztgattin begann sie mit einem beruflichen Leben in zweiter Reihe. Durch ihre zahlreichen ehrenamtlichen Engagements beanspruchte sie jedoch immer wieder die Öffentlichkeit. Dabei war sie stets bereit, einen vertrauten Lebensbereich zu verlassen, um sich einem neuen anzuvertrauen. Dies bedeutete, dass sie die Rollenerwartungen, die an sie herangetragen wurden, immer wieder aufbrach. Dadurch erweiterte und vergrößerte sich ihr Handlungsspielraum, auch unter einer politischen Perspektive im Sinne Hannah Arendts. Während die Güter, die durch das Arbeiten und das Herstellen entstehen, verbraucht oder gebraucht werden, garantiert allein das politische Handeln zunehmend Freiheit und Unabhängigkeit.

Annemarie Ackermanns politisches Engagement bestand in der Verantwortung für die Gesellschaft und insbesondere für jene Menschen, mit denen sie ihre Vergangenheit teilte. Dabei hatte sie keine Berührungsängste mit Fremden. Die Demokratie wurde zur politischen Heimat für die Politikerin. Dabei war sie stets in der Lage, über den politischen „Tellerrand" hinauszublicken. Sie kooperierte über die parteipolitischen Grenzen hinweg und vermochte es auch, über die eigenen Landesgrenzen hinauszudenken.

Gerade Geflüchtete oder Vertriebene hatten häufig vieles zu beklagen. Meist hatten sie nahe Angehörige, einen Hof oder einen Familienbetrieb verloren. Oft verloren sie auch ihren mühsam erarbeiteten Status. Anstelle der Depression, die sich bei vielen Menschen deshalb einstellte, bildete sich bei Annemarie Ackermann die Sorge als tragendes Element heraus. Möglicherweise wurde diese Haltung dadurch begründet, dass sie als Waisenkind und Mutter im Teenageralter früh erwachsen werden musste.

In der feministischen Forschung wird zunehmend untersucht, auf welche Weise auch die Frauen während der Zeit des Nationalsozialismus die menschen- und deshalb auch frauenverachtende Politik mittrugen. Hier tut sich eine Ambivalenz auf, denn die Täterschaft des Nationalsozialismus war patriarchal strukturiert. Die feministische Forschung verweist aber darauf, dass alle gesellschaftlichen Phänomene nie nur eine patriarchale Begründungslogik, sondern immer auch eine „muttermächtige" Logik haben.[255]

Die Denkmuster, denen Annemarie Ackermann noch in Serbien ausgesetzt war, waren weitgehend patriarchalisch und autoritär-hierarchisch. Zudem erfolgte die Unterwanderung des Kulturbundes überaus subtil. Allerdings existierten bereits 1941, als die Deutschen große Teile Serbiens besetzt hatten, Gesetze, welche die Juden und Roma als Menschen zweiter Klasse stigmatisierten. Auffällig ist, dass Annemarie Ackermann nationalsozialistisches Gedankengut, dem sie lange Zeit ausgesetzt war, immer wieder durch ihre große Menschenfreundlichkeit konterkarierte. Sie äußerte sich auch rückblickend negativ über die „alten Braunen", die auch mal wieder ans Ruder wollten – und ließ daher den Bund der Heimatvertriebenen und Entrechteten (BHE) links oder vielmehr rechts liegen. Auch ihre zunehmend religiös-verinnerlichte Haltung steht dem menschenverachtenden Gedankengut entgegen.

Die Teilnahme Annemarie Ackermanns an der Delegationsreise nach Afrika berührte ein weiteres kollektives Trauma, nämlich jenes des Kolonialismus. Sie erlebte das umfassende Leid, das ebenfalls auf der Basis der Hierarchie zwischen Menschengruppen entstanden ist. Durch ihre Tagebuchnotizen legte sie Spuren der Gewaltgeschichte der westlichen Moderne frei – und diese als Aufgabe in unsere Hände.

Auch ihr Blick auf die Lebensumstände der Frauen Afrikas ist aus heutiger Perspektive wegweisend.

***

Was lässt sich daraus für die Zukunft ableiten? Dan Bar-On, ein israelischer Wissenschaftler, fordert im Sinne eines kritischen Erinnerns auch für nachfolgende Generationen eine Versöhnung mit dem eigenen Schicksal. Eine Versöhnung mit den eigenen Sonnen- und Schattenseiten sowie mit möglichen Schicksalsverstrickungen derjenigen, die das Leid erlitten und vielfach auch Schuld auf sich geladen hatten.[256] So war es auch das belastende Schweigen über die vergangene Zeit, die auch Familie Ackermann immer wieder eingeholt hat.

Die Grünen-Politikerin Christa Nickels plädierte in der bereits erwähnten Bundestagsrede angesichts der Wehrmachtsausstellung dafür, dass es allen ehemaligen deutschen Soldaten – und nicht nur ihnen – möglich sein müsse, sich mit der Vergangenheit *offen* auseinanderzusetzen. Es könne nicht sein, dass man – nur um eine Nestbeschmutzung zu vermeiden – seine Wunden zukleistern müsse. Dass sie nicht mehr schmerzen dürfen, weil man ja zum Kriegsdienst gezwungen worden sei. Das helfe nicht weiter. Es solle ein Klima entstehen, in dem jeder sprechen dürfe.[257] Es geht also darum, historische Sachverhalte aufzubrechen.

Auch die zweite Generation empfindet dieses Leid, sogar zum Teil die dritte. Denn wenn das Erinnern, Wiederholen und Durcharbeiten nicht sein darf, kommt es zu einer traumatischen Neurose und zu einer transgenerationalen Weitergabe und wir bleiben „Fremde im eigenen (Seelen-)Haus".[258] Das gilt für die „kleinen" Lebensgeschichten wie für die „großen" historischen Geschichten des Nationalsozialismus, aber auch für jene des Kolonialismus.

Die zahlreichen Hinweise, die Annemarie Ackermann als Politikerin den Diaspora-Vereinen gab, können ebenfalls als programmatisch betrachtet werden. Sie erwies sich als weitsichtig, als sie den jungen Menschen empfahl, ein neues „Wir" zuzulassen und einen Zeithorizont auszubilden, der neben der Vergangenheit auch die Gegenwart und die Zukunft im Blick hat. Bei aller Sympathie für ihre Heimat positionierte sie sich vor diesem Hintergrund dafür, geschlossene Gesellschaften aufzubrechen. Erst dann könne auch eine adäquate Würdigung des Schicksals durch andere erfolgen.

In diesem Sinne ist die Darstellung der Biografie Annemarie Ackermanns der Versuch, ihre Lebensgeschichte vor dem Hintergrund eines bedeutsamen zeitgeschichtlichen Horizonts anschaulich zu machen. Es ist der Versuch, zu zeigen, dass es einer Entwurzelten gelungen ist, anderen eine Heimat zu geben und lebendige Begegnungsräume zu schaffen. Es ist aber auch eine geistig-kulturelle Form sich über die Vergangenheit Rechenschaft abzulegen. Zudem ist es ein Plädoyer dafür, *allen* Entheimatlichten endlich die Aufmerksamkeit zu schenken, die ihnen gebührt.

Damit verbunden ist der Zuruf an die Gruppe der Geflüchteten: *Seid untereinander solidarisch!* Es gibt sie nicht, die „besseren" und die „schlechteren" Flüchtlinge, Vertriebenen oder Aussiedler. Ein Ranking unter ihnen wäre ein Paradox und würde ihre eigenen Lebensgeschichten konterkarieren.

Das Konzept der ethnischen Reinheit ist obsolet.

Nur dann bleiben sie nicht die „Anderen" oder die „Fremden" im Aufnahmeland, die erst dann dazugehören, wenn die Friedhofserde ihren Leichnam bedeckt. Es geht darum, wie Simone Weil es formuliert, einen Blick in das Antlitz des Nächsten zu wagen. Und es geht darum, anzuerkennen, dass Zeit kein Faktum eines einzelnen Menschen ist. Sondern dass sie erst im Verhältnis der Menschen untereinander lebendig wird.

Abschließend lässt sich mit Rose Ausländer folgende Quintessenz formulieren:

Vergesst nicht, Freundinnen und Freunde,
wir reisen gemeinsam.

Epilog

In dieser Biografie habe ich den Versuch unternommen, wichtige Spuren der Person Annemarie Ackermanns zu rekonstruieren. Einiges blieb dabei im Dunkeln. Annemarie Ackermanns Leben war gleichermaßen von Kontinuitäten wie von Brüchen geprägt – eingebettet in die jeweiligen, zum Teil sehr herausfordernden politischen Kontexte, denen sie sich stellen musste.

Dank

Mein Dank gilt allen voran Ria Schneider, Annemarie Ackermanns ältester Tochter. Ohne die zahlreichen Gespräche mit ihr und ihre Notizen und Tagebuchaufzeichnungen hätte ich diese Biografie nicht schreiben können. Auch Ria Schneiders Sohn Stefan möchte ich danken, der die Heldinnenreise seiner Großmutter zwar keineswegs relativiert, aber doch auf liebevolle Art und Weise in ein rechtes Licht gerückt hat. Ich danke auch den anderen Kindern Annemarie Ackermanns für ihre Offenheit und Bereitschaft, mir ihren eigenen Blick auf die Geschehnisse anzuvertrauen. Ihr Vertrauen ist keine Selbstverständlichkeit.

Natalie Pawlik, der Beauftragten der Bundesregierung für Aussiedlerfragen und nationale Minderheiten, danke ich für das sehr persönliche und inspirierende Vorwort.

Das Institut für donauschwäbische Geschichte und Landeskunde in Tübingen, namentlich Mathias Beer, stellte mir den Nachlass Annemarie Ackermanns großzügig zur Verfügung. Ohne diese Kulanz wäre dieses Buch nicht entstanden.

Den Mitarbeiterinnen und Mitarbeitern des Bundestagsarchivs in Berlin sowie dessen Leiter Michael Feldkamp gilt ebenso mein Dank. Er war mit seinem profunden Wissen eine enorme Hilfe. Er schärfte auch meinen Blick in Hinsicht auf die Validität der Oral History und bestärkte mein Anliegen, die Protokolle der Ausschusssitzungen, denen Annemarie Ackermann beiwohnte, akribisch durchzusehen. Danke auch an dieser Stelle an Elisabeth Heegewaldt, der damaligen Leiterin des Referats für Öffentlichkeitsarbeit des Deutschen Bundestages, für das Gespräch über die besondere Situation von Parlamentarierinnen im Bundestag. Ich danke auch den Vertretern des Bundespressearchivs für einen Blick in die Personalakte Annemarie Ackermanns.

Danken möchte ich auch dem Institut für Zeitgeschichte in München für sein wertvolles gesellschaftspolitisches Quellenmaterial. Dem Archivleiter Klaus Lankheit sei für die Durchforstung der Datenbank „Die Verfolgung von NS-Verbrechen durch deutsche Justizbehörden seit 1945“ gedankt.

In diesem Kontext bin ich der Historikerin Mariana Hausleitner aus Berlin sehr verbunden, die mich in kritischen Fragen und bei Unsicherheiten fundiert beraten hat. Ebenso sei Katrin Boeckh vom Leibniz-Institut für Ost- und Südosteuropaforschung in Regensburg gedankt. Sie hat mich in Phasen des Zweifelns bestärkt, weiterzuschreiben. Genauso war Matthias Stickler vom Lehrstuhl für Neueste Geschichte der Universität Würzburg vor allem im Hinblick auf die Einordnung der Vertriebenenverbände eine wertvolle Unterstützung.

Dank gebührt ganz besonders meinem Verleger Thomas Zehender, der das Potenzial dieses Themas erkannt und mich durch sein Vertrauen beflügelt und ermutigt hat. Meiner Lektorin Evelyn Bubich aus Wien verdanke ich mehr als den letzten sprachlichen und stilistischen Schliff. Durch ihr aufmerksames Zuhören, hartnäckiges Nachfragen und die vielen weiterführenden „Wiener Gespräche“ entstand jene Tiefe, die ich mir für das vorliegende Buch gewünscht habe.

Nicht zuletzt möchte ich mich bei meiner Familie und meinen Freundinnen und Freunden bedanken, die mich mit ihrer Neugierde und ihren Fragen stets inspirierten, die vielen einzelnen Erzählfäden in eine Ordnung zu bringen, die für alle Lesenden nachvollziehbar ist. Ich hoffe, das ist mir gelungen.

Endnoten

[1] Petzold, 2018

[2] vgl. Bodrožić, 2014, 136

[3] Die meisten Angehörigen der Deutschen Minderheit werden seit den 1920er Jahren als „Donauschwaben" bezeichnet, auch wenn sie nur zu einem kleineren Teil aus Schwaben stammen. Da die Zuschreibung nicht von ihnen selbst, sondern von außen kommt, handelt es sich bei diesem Begriff um ein Exonym.

[4] vgl. Radović, 2010, 21.

[5] Flucht nach Landau, 1993 (Tonbandaufnahme).

[6] Stand: Januar 2022.

[7] Flucht nach Landau, 1993 (Tonbandaufnahme).

[8] ebd.

[9] vgl. Manoschek, 1993, 18.

[10] Eine Kindheit im Krieg, 2. (Privataufzeichnung).

[11] vgl. Ivanji, 2017.

[12] Bestimmte Worte, wie Lawur (Waschschüssel), Plafond (Zimmerdecke) oder Parapluie (Regenschirm) erinnern immer noch an sie.

[13] Neben den 1,5 Mio. freiwillig eingewanderten Kolonisten wurden – vor allem während der theresianischen Kolonisation – Untertanen, die Anordnungen nicht befolgten, wie beispielsweise die Salpeterer aus dem Schwarzwald, ins Banat zwangsdeportiert.

[14] Die Vojvodina besteht aus den Bezirken Batschka, Banat und Syrmien.

[15] Casagrande vermutet demgegenüber, dass die romantische Verklärung des Fremden, das Exotische, die Ursache für die Migration darstellte (vgl. ders. 2003, 47).

[16] Deshalb wurde das Dörfchen während der ungarischen Besatzungszeit nach 1941 auf deutschen Vorschlag hin als „Gutacker" bezeichnet. Dieser Name setzte sich jedoch nicht durch.

[17] Ratko Pavlović Ćićko war ein serbischer Kämpfer im spanischen Bürgerkrieg.

[18] Im März 1944 wurden vier jüdische Bewohner auf Druck der SS von Angehörigen der deutschen Minderheit getötet.

[19] Unsere Urgroßmutter, 1.

[20] Familienchronik, 3.

[21] ebd.

[22] Parabutsch, 1.

[23] Familienchronik, 5.

[24] ebd., 6.

[25] ebd.

[26] Familienchronik, 7.

[27] ebd.
[28] Die Farbpalette meiner Mutter, 1.
[29] ebd.
[30] Erst 2002 verabschiedete das Belgrader Parlament ein Gesetz, das die deutsche Minderheit anerkannte und die Verwendung ihrer Nachnamen gestattete.
[31] Ein Spaziergang in meiner Kindheit, 3.
[32] Unser Elternhaus, 2.
[33] Die Schule wurde im Zuge des Einforderns deutscher Minderheitenrechte 1941 gegründet und bestand vier Jahre.
[34] Erinnerungen an Otto, 1.
[35] vgl. Unser Elternhaus, 9.
[36] Interview mit Stefan Schneider (22. Februar 2022).
[37] Unser Kinderzimmer, 2.
[38] Nenadović, in: Konstantinović, 2003, 57.
[39] Ein Spaziergang in meiner Kindheit, 5.
[40] Casagrande, 2003, 47.
[41] Name geändert.
[42] Report, 2.
[43] vgl. Hausleitner, 2014, 254.
[44] Franz Emanuel August Geibel (1815–1884) war ein deutscher Lyriker, der mit seinen Texten Komponisten wie Robert Schumann, Hugo Wolf, Felix Mendelssohn Bartholdy und Johannes Brahms inspirierte. 1843 war er sogar der erfolgreichste Lyriker seiner Zeit. Der Schlussvers seines Gedichtes „Deutschlands Beruf" aus dem Jahre 1861 lautet: „Und es mag am deutschen Wesen / einmal noch die Welt genesen." In seinem Gedicht setzt er sich für die Einheit Deutschlands ein, indem er die zahlreichen Einzelstaaten zur Einigung unter dem deutschen Kaiser Wilhelm I. beschwor. Vor allem die letzten beiden Zeilen des Gedichtes wurden auch als nationalsozialistische Schlagworte verwendet.
[45] Bischof 1986, 15.
[46] Die katholische Opposition der Donauschwaben gegen den Nazismus wirkte vor allem durch katholisch-deutsche Organisationen und Zeitschriften. Die *katholische Erneuerung* versammelte die Jugend. Vereine wie *Christusjugend*, *Marienbund*, *Katholischer Gesellenverein*, *Katholischer Fischerverein*, *Frauenbund* oder *Bauernverein* zählten Tausende von Mitgliedern (Poljaković, 2009, 19).
[47] vgl. Poljaković, 2009, 19.
[48] Bischof, 1986, 15.
[49] Familienchronik, 6.
[50] Das Habag-Haus, 1931 fertiggestellt, wurde von jenen Organisationen gegründet, die im Haus ihren Sitz haben sollten – von der landwirtschaftlichen Zentralgenossenschaft „Agraria", der Versicherungsgesellschaft „Donau", der Zentraldarlehenskasse und dem Kulturbund, der viele Einzelspenden erhalten hatte. Das

Haus war als Aktiengesellschaft gegründet worden, die auch Eigentümerin des Hauses war, nämlich die Haus-Bau-AG. Nach ihr wurde das Haus benannt (vgl. Bischof, 1986, 38).

[51] vgl. Gündisch, 2005, 76.

[52] vgl. Pejin 2012, 1.

[53] *Breslauer Morgenzeitung*, in: Schoeps, 2021, 19.

[54] Darunter verstand man das städtisch-studentische Milieu.

[55] Während des Zweiten Weltkriegs war Stefan Kraft in der Regierung des unabhängigen Staates Kroatien Staatssekretär im Landwirtschaftsministerium.

[56] s. a. Link 2021.

[57] vgl. Janko, 1982, 30.

[58] Janko, 1982, 22.

[59] Die sogenannten „Kleinhäusler" machten ca. 40 Prozent der deutschen Minderheitenbevölkerung aus. Man konnte sie in „Hälftler", „Drittler" oder „Viertler" unterteilen, je nachdem, ob sie mit eigenen Pferden und landwirtschaftlichen Geräten das vom Bauern zur Verfügung gestellte Feld bearbeiteten oder im Besitz von nur einem Pferd die Hilfe des Bauern benötigten oder ob sie lediglich Handarbeiten verrichteten.

[60] Janko, 1982, 23.

[61] vgl. Janko, 1982, 10.

[62] vgl. Janko, 1982, 33.

[63] vgl. Seewann, 2020, 215.

[64] vgl. Seewann, 2020, 186, 337.

[65] Auskunft von Mariana Hausleitner (15. Juli 2023).

[66] Senz, 2020, 267.

[67] vgl. Beer, 2021.

[68] vgl. Bodrožić, 2014, 129.

[69] Arendt, 1998, 15.

[70] Kafka, 1986.

[71] vgl. Hausleitner, 2014, 264.

[72] Manoschek, 1993, 187.

[73] Interview mit A. A. (1990), in: Manoschek, 189.

[74] Turner, in Manoschek, 1993, 195.

[75] vgl. Hausleitner 2014, 262.

[76] In den zentralserbischen Bergen versteckten sich die Tschetniks des Monarchisten und serbischen Nationalisten Draža Mihailović (1893–1946), einem königlich-jugoslawischen Generalstabsoffizier.

[77] Mei Mottersproch, 1.

[78] https.www.donauschwaben.at/arbeitsundvernichtslager

[79] Rudolfsgnad (Knićanin) und Molidorf (Molin) im Banat; in der Batschka Jarek (Bački Jarak), Gakowa (Gakowo) und Kruschiwl (Kruševlje); in Syrmien die

Seidenfabrik in Syrmisch-Mitrowitz (Sremska Mitrovica) und in Slawonien Kerndija (Krndja) und Walpach (Valpovo) in Kroatien.

[80] vgl. Holik, 2010, 306.

[81] Walter, 2000, 36.

[82] s. a. Walter, 2000, 70.

[83] Flucht aus der Heimat, 3.

[84] Report, 3.

[85] Flucht aus der Heimat, 9.

[86] Report, 4.

[87] Ackermann, 1953, 6.

[88] ebd.

[89] vgl. Ackermann, 1953, 6.

[90] Report, 4.

[91] Ackermann, 1953, 6.

[92] Flucht aus der Heimat, 15.

[93] Ackermann, 1953, 6.

[94] vgl. Ackermann, 1953, 6.

[95] Unsere Urgroßmutter, 4.

[96] Flucht aus der Heimat, 19.

[97] Erinnerungen an Otto, 2.

[98] Flucht nach Landau, 1993 (Tonbandaufnahme) ; bezieht sich auch auf folgende Zitate, wenn nicht ausgewiesen.

[99] Friedrich Martin Graß (1902–1971) entstammte einer alten Pfälzer Familie. Von 1948 bis 1949 war er Landrat in Bad Bergzabern, von 1950 bis 1967 in Landau. 1950 bis 1951 war er Abgeordneter im Landtag von Rheinland-Pfalz, ab 1965 stellvertretender Landesvorsitzender der CDU in Rheinland-Pfalz. Sein Sohn Karl Martin Graß war in den 1970er und 1980er Jahren Berater des rheinland-pfälzischen Ministerpräsidenten Bernhard Vogel.

[100] *Bácsi* ist eine ungarische Bezeichnung für einen Nennonkel. Damit spricht man einen älteren Herrn an, mit dem man nicht unbedingt verwandt sein muss. Das war in Annemarie Ackermanns Fall der Schneider Roth.

[101] Die ersten Schritte in der neuen Heimat, 1.

[102] ebd., 1–2.

[103] Ackermann, Otto, o. J.

[104] In den 1930er Jahren existierte ein Gesetz, das die Zwangssterilisation in Fällen von Schizophrenie erlaubte, um nur „erbgesunden“ Nachwuchs zu fördern.

[105] Daten von Otto, 4.

[106] ebd.

[107] Amtsgericht Bonn, 1965 (unveröffentl. Gutachten).

[108] Erinnerungen an Otto, 5.

[109] Interview mit Stefan Schneider (22. Februar 2022).

[110] Erinnerungen an Otto, 5.
[111] Bei Frau Ackerman zu Besuch, 1953, 5.
[112] Senz, 2013.
[113] Wahlaufruf an alle Donauschwaben, 1953.
[114] Erinnerung, 1.
[115] Dank-Telegramm der Donauschwaben an Dr. Adenauer, 1954.
[116] Der Historiker Michael Schwartz bezeichnet Trischler allerdings als „strukturell belastet", da er als Mitglied der ungarischen Regierungsfraktion für die Verabschiedung antisemitischer Gesetze verantwortlich gewesen sei (vgl. Schwartz, 2013, 530). Darüber hinaus übernahm Trischler bereits eine wichtige Funktion im Volksbund. Jene bereits ab 1938 von der SS gleichgeschalteten Volksgruppenorganisationen in der Batschka wurden u. a. unter seine Ägide in den Volksbund integriert.
[117] Franz Hamm war zunächst als Stadtrat in Novi Sad und später als Abgeordneter in Belgrad tätig. Nach dem Anschluss der Batschka an Ungarn wurde Hamm u. a. zusammen mit Trischler in den Ungarischen Reichstag berufen. Von 1950 bis 1965 war er Referent des Bundesvertriebenenministeriums in Deutschland. Er war auch Vorsitzender der Landmannschaft der Donauschwaben (vgl. Senz, 2020, 130 ff).
[118] vgl. Stupp, 1995, 239.
[119] vgl. Schwartz, 2013, 455.
[120] Maria Probst gehörte dem Deutschen Bundestag von 1949 bis zu ihrem Tode 1967 an. Vom 1. Oktober 1952 bis zum 26. Juni 1953 leitete sie den Parlamentarischen Untersuchungsausschuss zur Prüfung der unzulänglichen Einstellungen von Schwerbeschädigten bei den Bundesdienststellen. Von 1957 bis 1965 war sie stellvertretende Vorsitzende des Bundestagsausschusses für Kriegsopfer- und Heimkehrerfragen.
[121] Dauer der 2. Wahlperiode: 06.10.1953–06.10.1957.
[122] Dauer der 3. Wahlperiode: 15.10.1957–15.10.1961.
[123] Dauer der 4. Wahlperiode: 17.10.1961–17.10.1965.
[124] zit. in: Körner, 2021, 47.
[125] Ackermann, 1961 (Wahlaufruf).
[126] Mit neuem Mut in ein freies Leben, 1954.
[127] Adenauer 1955, in: Bundesministerium für Vertriebene, Flüchtlinge und Kriegsgeschädigte (Hrsg.), 1956, 5.
[128] Bekenntnis zu den Brüdern und Schwestern im Osten, 1960.
[129] vgl. Abgeordnete Frau Ackermann, 1955.
[130] vgl. Koch, 1985, 353.
[131] Frau Bundesminister?, 1960.
[132] vgl. Marquardt, 1999, 25.
[133] Gosteli Archiv, zit. In: Martino, 2008, 97. Im Jahr 1953 fand eine Tagung in

Salzburg statt, in der die Gründung einer Europäischen Frauen Union von 250 Delegierten aus neun Ländern (Deutschland, Österreich, England, Frankreich, Holland, Italien, Saarland, Schweden und die Schweiz) einstimmig beschlossen wurde. Später kamen mehr Länder dazu. Aktuell nehmen Frauen aus 17 Ländern an den Versammlungen teil.

[133] vgl. Martino, 2008, 97.

[134] Presse- und Informationsamt, Akte 1.

[135] Die Frau und die Wehrpolitik, 1961, 5 f.

[136] Die Frau und die Wehrpolitik, 1961, 6.

[137] ebd.

[138] vgl. Stupp, 1995, 240.

[139] Rückgabe von 8000 Kindern gefordert, 1956.

[140] Die Frau und die Wehrpolitik, 1961, 5.

[141] ebd.

[142] Erinnerung MdB, 1991 (Tonbandaufnahme).

[143] Josef Kammhuber (1896–1986) war von 1917 bis 1945 Offizier, von 1943 bis 1944 Oberbefehlshaber der Luftflotte 5 und 1945 Generalbevollmächtigter für Strahlflugzeuge. Von 1945 bis 1948 befand er sich in Kriegsgefangenschaft, danach wurde er Mitarbeiter der Historical Division der US-Armee. Von 1956 bis 1962 war er Inspekteur der Luftwaffe und Chef des Führungsstabs der Luftwaffe.

[144] zit. in: MdB Annemarie und MdB Claire, 1959.

[145] Falls nicht anders vermerkt, sind die Zitate der Tonbandaufnahme „Erinnerungen MdB 1991“ entnommen.

[146] ebd.

[147] ebd.

[148] Auch Inhalte aus den damit zusammenhängenden Protokollen des Bundesausschusses für Kriegsopfer- und Heimkehrerfragen der zweiten und dritten Wahlperiode sowie aus Protokollen des Wiedergutmachungsausschusses ihrer vierten Wahlperiode werden hier angeführt.

[149] Marie-Elisabeth Lüders (1878–1966) gehörte zu den bedeutendsten Sozialpolitikerinnen und wichtigsten Vertreterinnen der Frauenbewegung in Deutschland. Die gebürtige Berlinerin studierte Nationalökonomie an der Universität Berlin und wurde 1912 als erste Frau Deutschlands zur Dr. rer. pol promoviert. Im August 1919 rückte sie für den verstorbenen Friedrich Naumann in die Verfassungsgebende Nationalversammlung nach. Von 1920 bis 1930 war sie Mitglied des Reichtags, wo sie sich vor allem für die Gleichberechtigung der Frau und den Kinder- und Jugenschutz sowie für eine Strafrechtsreform einsetzte. Die Nationalsozialisten belegten sie 1933 mit einem Berufsverbot. 1937 kam sie in Einzelhaft, aus der sie nach vier Monaten aufgrund internationaler Proteste diverser Frauenorganisationen wieder freikam.

[150] vgl. PA-DBT 3113-1 Kriegsopfer- und Heimkehrerfragen A 29/2.

[151] PA-DBT 3113-1 Heimatvertriebene A 34/2.
[152] Die Frau und die Wehrpolitik, 6.
[153] Zu Beginn der zweiten Wahlperiode wurde die Ausformulierung des Artikels 116 des Grundgesetzes besprochen. Es ging um die Frage, wer Deutscher ist, ohne die deutsche Staatsangehörigkeit zu besitzen.
[154] PA-DBT 3113-1 Heimatvertriebene A 34/2, 3/3.
[155] in: Senz 2020, 279.
[156] Hans Schütz (1901–1982) war seit 1938 Mitglied der NSDAP. Er gründete im Jahre 1946 die Ackermann-Gemeinde und war von 1949 bis 1963 MdB und von 1963 bis 1966 zunächst Staatssekretär, dann bayerischer Minister für Arbeit und Soziales.
[157] Herbert Czaja (1914–1997) gehörte 1937/1938 dem Deutschen Verband zur nationalen Befriedung Europas an, den der Hitler-Gegner Eduard Pant gegründet hatte. Nach dem Einmarsch der deutschen Wehrmacht in Polen weigerte er sich, der NSDAP beizutreten. Er war MdB von 1953 bis 1990 und Präsident des BdV von 1970 bis 1994 sowie Präsident der Kulturstiftung der deutschen Vertriebenen von 1974 bis 1997. Er spielte eine maßgebliche Rolle bei der Integration der Vertriebenen.
[158] Erinnerungen MdB, 1991 (Bandaufnahme).
[159] Heinrich Joseph Maximilian Johann Maria von Brentano di Tremezzo (1904–1964) war ein deutscher Politiker (CDU). Von 1955 bis 1961 war er Bundesminister des Auswärtigen der Bundesrepublik Deutschland und von 1949 bis 1955 sowie von 1961 bis zu seinem Tode Vorsitzender der CDU/CSU-Bundestagsfraktion.
[160] Um Teil der Wehrmacht zu werden, war die deutsche Staatsbürgerschaft erforderlich.
[161] PA-DBT 3113 Heimatvertriebene A 34/2, 6/2.
[162] vgl. PA-DBT 3113-1 Heimatvertriebene A 34/2; Nr. 3/4–5.
[163] Christa Nickels, geb. 1952, war von 1983 bis 2005 für die Grünen im Bundestag. Von 1998 bis 2001 war sie Parlamentarische Staatssekretärin bei der Bundesministerin für Gesundheit im Kabinett Schröder und Drogenbeauftragte der Bundesregierung.
[164] Nickels, in: Körner, 2021 (Dokumentarfilm).
[165] vgl. https://virtuelles-migrationsmuseum.org/Glossar/notaufnahmeverfahren/
[166] Die Frau und die Wehrpolitik, 6.
[167] Allein in den Grenzdurchgangslagern Friedland, Piding und Schalding wurden von 1950 bis Ende 1958 knapp 50 000 Personen (genau: 49 333) aus Jugoslawien gezählt.
[168] vgl. Erinnerung, 2.
[169] Harro Ackermann vom 13.09.2022 (Telefonat).
[170] vgl. PA-DBT 3113 Heimatvertriebene A 32/2; 38, 9.
[171] vgl. PA-DBT 3113 Heimatvertriebene A 32/2; 10.

172 Hammarskjöld, 2012, 137, 145.

173 PA-DBT 3113-1 Heimatvertriebene A 25/3; Nr. 20/8.

174 PA-DBT 3113-1 Heimatvertriebene A 25/3; 22, 6.

175 PA-DBT 3113-1 Heimatvertriebene A 25/3; 42,15.

176 PA-DBT 3113-1 Heimatvertriebene A 25/3; 30, 4.

177 Zur Vertiefung der Lastenausgleichsthematik sei Manfred Kittels aktuelles Buch *Stiefkinder des Wirtschaftswunders?* (2022[2]) empfohlen.

178 s. a. Beer, 2021 (Rez.).

179 Sie wurden benannt nach dem antifaschistischen Rat der Nationalen Befreiung Jugoslawiens Antifašističko vijeće narodnog oslobođenja Jugoslvije, kurz AVNOJ). Folgendes Vermögen sollte in das Eigentum des jugoslawischen Staates übergehen: 1. Sämtliches Vermögen des Deutschen Reiches und seiner Staatsbürger, das sich auf dem Territorium von Jugoslawien befindet. 2. Sämtliches Vermögen von Personen deutscher Volkszugehörigkeit außer dem derjenigen Deutschen, die in den Reihen der Nationalen Befreiungsarmee und der Partisaneneinheiten Jugoslawiens gekämpft haben oder Staatsbürger neutraler Staaten sind und sich während der Okkupation nicht feindlich verhielten. 3. Sämtliches Vermögen von Kriegsverbrechern und ihren Helfershelfern ohne Rücksicht auf ihre Staatsbürgerschaft und das Vermögen einer jeden Person, die durch Urteil der Zivil- und Militärgerichte zum Vermögensverlust zugunsten des Staates verurteilt wurde. Dies wurde dann vom AVNOJ per Gesetz vom 8. Juni 1945 wie folgt interpretiert: 1. Vom Beschluss des Antifaschistischen Rates der Nationalen Befreiung Jugoslawiens vom 21. November 1944 sind jene jugoslawischen Staatsbürger deutscher Volkszugehörigkeit betroffen, die sich während der Okkupation als Deutsche erklärt oder als solche gegolten haben, ohne Rücksicht darauf, ob sie vor dem Krieg als solche aufgetreten sind oder als assimilierte Kroaten, Slowenen oder Serben gegolten haben. 2. Nicht entzogen werden die Bürgerrechte und das Vermögen jener jugoslawischen Staatsbürger deutscher Volkszugehörigkeit, deutscher Abstammung oder mit deutschem Familiennamen: a) welche als Partisanen und Soldaten am nationalen Befreiungskampf teilgenommen hatten oder in der nationalen Befreiungsbewegung aktiv tätig waren, b) welche vor dem Kriege als Kroaten, Slowenen und Serben assimiliert waren und während des Krieges weder dem Kulturbund beigetreten noch als Angehörige der deutschen Volksgruppe aufgetreten sind, c) die es während der Okkupation abgelehnt haben, sich auf Verlangen der Besatzungs- oder Quislingbehörden als Angehörige der deutschen Volksgruppe zu erklären, d) welche (sei es Mann oder Frau) trotz ihrer deutschen Volkszugehörigkeit eine Mischehe mit Personen einer der jugoslawischen Nationalitäten oder mit Personen jüdischer, slowakischer, ukrainischer, madjarischer, rumänischer oder einer sonstigen anerkannten Nationalität geschlossen haben. Den Schutz des vorangegangenen Artikels, Punkte a), b), c) und d), genießen jene Personen nicht, welche sich während der

Okkupation durch ihr Verhalten gegen den Befreiungskampf der jugoslawischen Völker vergangen haben und Helfer des Okkupanten waren. (in: https://www.donauschwaben.at/avnoj-gesetze.html)

180 s. a. Kellerhoff, 2020.

181 zit. in: Köpcke, 2017.

182 vgl. PA-DBT 3107-1 Finanzen A15/3, 16.

183 Erinnerungen MdB, 1991 (Bandaufzeichnung).

184 Krämer, Florian, zit. in: Dank-Telegramm der Donauschwaben an Dr. Adenauer 1954.

185 zit. in: Senz, 2022 (Film).

186 in: https://www.donauschwaben.at/Entschädigungsverhandlungen (abgerufen am 03.02.2022).

187 Erinnerung MdB, 1991 (Tonbandaufnahme).

188 Adenauer 1961.

189 s.a. von Friesen 2000, 30.

190 Das griechische Wort „Diaspora" bedeutet „Verstreuung". Ursprünglich wurde der Begriff auf die jüdische Diaspora bezogen. Inzwischen werden damit unterschiedliche Gruppen bezeichnet, die entweder außerhalb ihres Herkunftsstaates leben, aber mit diesem enge Beziehungen unterhalten oder aber über über keinen Staat verfügen und sich trotzdem als Teil einer gemeinsamen Gruppe verstehen. Diasporische Bezüge werden meist über Generationen aufrechterhalten.

191 Bund der Vertriebenen.

192 vgl. Schwartz, 2013, 521.

193 vgl. Stickler, 2004, 148.

194 Hans Moser war Vertreter der Zentralberatungsstelle der Volksdeutschen innerhalb der Donauschwäbischen Landsmannschaft in Linz.

195 vgl. Moser, 1953, 1 f.

196 einsehbar unter: https://www.bund-der-vertriebenen.de/charta-auf-deutsch (abgerufen am 18.02.2022).

197 Interview mit Ria Schneider (15. November 2021).

198 ebd.

199 ebd.

200 Die Vereinigung ehemaliger Mitglieder des Bundestages e. V. wurde 1977 gegründet.

201 Johann Eimann (1764–1847) war Mennonit. Seine Familie wanderte ursprünglich aus der Schweiz in die Pfalz ein. Dort besuchte er die Schule und bis zum Tode seines Vaters die Universität. Kaiser Joseph II., der für Siedler warb, garantierte auch Nichtkatholiken die freie Religionsausübung in den neuen Siedlungsgebieten. Eimann entschloss sich zur Auswanderung und erreichte 1785 gemeinsam mit seiner Frau die Batschka. Er übernahm eine wichtige Rolle während der josefinischen Ansiedlung in der Batschka und gestaltete diese wesentlich mit.

Er gilt als Begründer der deutschen Ansiedlungshistorie in diesem Gebiet der Batschka.

[202] in: Donaudeutsche Landsmannschaft, 1975.

[203] in: Dank-Telegramm der Donauschwaben an Dr. Adenauer, 1954.

[204] Der 2021 verstorbene Rudolf Reimann wurde 1934 in Neusatz geboren. Nach seiner Flucht lebte er in Österreich und war Bundesvorsitzender der Donauschwaben in Österreich und langjähriger Präsident der deutschen altösterreichischen Landsmannschaften (VLÖ).

[205] Annemarie Ackermann war in diesen Kreisen u. a. mit folgenden Personen in Kontakt: Georg von Manteuffel-Szoege, seit 1954 Vorsitzender des VDL (Verband der Landsmannschaften), Florian Krämer, Landesvorsitzender der donauschwäbischen Landsmannschaft in Bayern, Stefan Rettig, Vorsitzender der donaudeutschen Landsmannschaft in Rheinland-Pfalz und Anton Valentin, Bundesvorsitzender der Banater Schwaben. Außerdem war sie mit Ludwig Leber vernetzt, dem Vorsitzenden der Ungarndeutschen.

[206] vgl. Stickler, 2004, 148.

[207] MdB Ackermann appelliert an die Jugend, 1955.

[208] Suter, 2012.

[209] zit. in: Dokumentation der Amerikareise, 1956. Alle weiteren Zitate dieses Kapitels sind diesem Dokument entnommen.

[210] Koschak, o. J., 12.

[211] ebd., 9.

[212] Hier wurde 1986 der Weltdachverband der Donauschwaben gegründet.

[213] Es unterzeichneten Gottfried und Elisabeth Burger, Tom und Eva Leinz mit Leni, John und Anna Webel und Johnny Webel, Rose Schäffer, Marie Wintergerst, Marie Richter und Hans Fröhlich, Johanna Wagner und Peter M. Wagner.

[214] s. a. Körner, 2021, 80.

[215] Presse- und Informationsamt, Band 1, Vermerk vom 21.01.1963.

[216] Presse- und Informationsamt, Band 1, Schreiben vom 26.12.1962.

[217] Presse- und Informationsamt, Band 1, Schreiben vom 31.10.1962.

[218] ebd.

[219] Die Reise fand vom 23.08.1959 bis zum 20.09.1959 statt.

[220] Afrikatagebuch, 1959, 3.

[221] Lucie Beyer hatte zugunsten von Elisabeth Selbert (SPD), einer der vier Mütter des Grundgesetzes, auf ihr Amt im Bundestag verzichtet und damit indirekt zum Passus des Grundgesetzes beigetragen, der die Gleichberechtigung von Männern und Frauen garantiert. Den Spitznamen „Bundeskaffeetante" zog sie sich zu, weil sie sich erfolgreich dafür einsetzte, dass die Umsatzsteuer bei Dingen des täglichen Bedarfs ermäßigt wird. Außerdem sollten ihrer Ansicht nach die verschiedenen Waren in Bezug auf ihre Qualität miteinander verglichen werden. Eine Stiftung, der sie zeitweise auch vorstand, die „Stiftung Warentest", setzte dieses

Anliegen auch um. Das SPD-Mitglied gehörte von 1953 bis 1969 dem Deutschen Bundestag an.

[222] Jakob Franzen (1903–1988) beteiligte sich an der Gründung der Gewerkschaft Öffentliche Dienste, Transport und Verkehr (ÖTV), bevor der gelernte Maschinenschlosser Gewerbeoberinspektor wurde. Das CDU-Mitglied gehörte dem Deutschen Bundestag von 1953 bis 1969 an.

[223] Hermann Ehren (1884–1964) wurde im Oktober 1945 aus Polen ausgewiesen. Im selben Jahr trat er der CDU bei und wurde im Jahr darauf Vorsitzender des Flüchtlingsausschusses für Westfalen. Im Jahr 1949 zog er in den Deutschen Bundestag ein, dem er bis 1961 angehörte. Im Oktober rückte bis zu seinem Tod 1964 für einen verstorbenen Kollegen noch einmal in den Bundestag nach.

[224] Gustav Heinemann (1899–1976) war der dritte Bundespräsident der Bundesrepublik. Deutschland (1969–1974). Er war in seinem Leben mit fünf verschiedenen Parteien verbunden: Während seiner Studentenzeit war er Mitglied der linksliberalen DDP, später Unterstützer der christsozialen CSVP. Nach dem Zweiten Weltkrieg war er Mitbegründer der CDU, später Mitbegründer der pazifistischen Partei GVP, da er die Wiederbewaffnung der Bundesrepublik nicht mittragen konnte. 1957 schloss er sich der SPD an. Er engagierte sich vor allem für Ausgegrenzte und trat für das freiheitliche und demokratische Erbe der deutschen Geschichte ein. Nationalismus und Antisemitismus lehnte er entschieden ab.

[225] Gustav-Adolf Gedat (1903–1971) war ein CDU-Politiker. Er betätigte sich in den Reihen des CVJM, des Christlichen Vereins Junger Menschen. Sein Menschenbild kann als problematisch bezeichnet werden, da er den Menschen – je nach Herkunft – einen unterschiedlichen Wert zuerkannte.

[226] Afrikatagebuch, 1959, 9.

[227] Afrikatagebuch, 1959, 10.

[228] Afrikatagebuch, 1959, 10 f.

[229] Kurlbaum-Beyer, 2004, 164.

[230] zit. in: Kurlbaum-Beyer, 2004, 166.

[231] Afrikatagebuch, 1959, 8.

[232] Afrikatagebuch, 1959, 34.

[233] Kurlbaum-Beyer, 2004, 176.

[234] Afrikatagebuch, 1959, 40 f.

[235] s. a. Kurlbaum-Beyer, 2004, 180.

[236] Brief nach Hause vom 7. September 1959.

[237] ebd.

[238] Afrikatagebuch, 1959, 46.

[239] ebd., 48.

[240] vgl. ebd., 51.

[241] s. a. Kurlbaum-Beyer, 2004, 182.

[242] Afrikatagebuch, 55.

[243] ebd., 55 f.

[244] Kurlbaum-Beyer, 2004, 183.

[245] Der Anthropologe Eugen Fischer, einer der Hauptverantwortlichen der Nazi-Eugenik, hatte seine „Feldforschungen“ 1908 in der Kolonie Deutsch-Südwestafrika betrieben. Sie betrafen sowohl europäische Juden als auch Kolonisierte.

[246] vgl. Senghaas, 1998.

[247] Ackermann, 1962 (Brief).

[248] Rechtschreibfehler sind leicht korrigiert.

[249] Ackermann, O., 1962 (Briefe).

[250] Erinnerungen an Otto, 5.

[251] zit. in: von Friesen, 2000, 37.

[252] Es wurden sogar Analogien zwischen rassischer und geschlechtlicher Degeneration gezogen. Jüdischsein wurde beispielsweise in eine Korrelation mit dem „Weibischsein“ gebracht.

[253] Kohlenberger, 2022, 75.

[254] von Friesen, 2000, 37.

[255] vgl. Tatschmurat, 1990, 355 ff.

[256] Bar-On (2006) entwickelte darüber hinaus ein wegweisendes Gesprächskonzept, welches aktuelle politische Konflikte einbindet, 236 ff.

[257] Nickels, in: Körner 2021 (Dokumentarfilm).

[258] von Friesen, 2000, 42.

Quellenverzeichnis

A

Abgeordnete Frau Ackermann berichtete über die Moskaufahrt, in: Vorderpfälzer Tagblatt vom Oktober 1955.

Ackermann, Annemarie, Afrikatagebuch (unveröffentl.) 1959.

Ackermann, Annemarie, Brief aus Accra (unveröffentl.) 1959.

Ackermann, Annemarie, Brief nach Hause (unveröffentl.) vom 07.09.1959.

Ackermann, Annemarie, Brief an Otto 1962 (unveröffentl.).

Ackermann, Annemarie, „Die Sendungen der Rundfunkanstalten", Notizen (unveröffentl.) von 1963.

Ackermann, Annemarie, Grippe Asiatica, Gedicht (unveröffentl.) vom 20.10.1957.

Ackermann, Annemarie, Liebe Mitbürgerinnen und Mitbürger, Wahlaufruf 1961.

Ackermann, Annemarie, Magd für einen halben Liter Milch. Am Heiligen Abend müssen wir wieder fliehen, in: Donauschwäbische Rundschau, 3. Jg (36) vom 6. September 1953, 6.

Ackermann, Annemarie, Meine Kinder gehen mir zugrunde. Eine arme Karpoker Frau rettet mein Kind vor dem sicheren Tode, in: Donauschwäbische Rundschau 3. Jg. (36), vom 6. September 1953, 6.

Ackermann, Otto, Brief an seine Mutter vom 07.12.1962 (unveröffentl.).

Ackermann, Otto, Ich Otto Ackermann, Brief (unveröffentl.) o.J.

Adenauer, Konrad, Sehr geehrte Frau Ackermann, Brief vom 05. Oktober 1961.

Adichie, Chimamanda Ngozi, The danger of a single story (2009) einsehbar unter: www.ted.com/talks/chimamanda_ngozi_adichie_the_danger_of_a_single_story (eingesehen am 10.01.2022).

Adichie, Chimamanda Ngozi, Warum ich Feministin bin, Frankfurt am Main 2022.

Amtsgericht Bonn, Gutachten vom 24. August 1965 (unveröffentl.).

Arendt, Hannah, Zwischen Vergangenheit und Zukunft. Übungen im politischen Denken I, München 2015.

Aubele, Katharina, Vertriebene Frauen in der Bundesrepublik Deutschland. Engagement in Kirchen, Verbänden und Parteien von 1945-1970, Göttingen 2018.

B

Bar-On, Dan, Die „Anderen" in uns. Dialog als Modell der interkulturellen Konfliktbewältigung, Hamburg 2006.

Beer, Andrea, Juden in Serbien. Wir leben!, in: https://www.deutschlandfunkkultur.de/juden-in-serbien-wir-leben.979.de.html?dram:article_id=491382 (eingesehen am 29.03.2021).
Beer, Mathias, Flucht und Vertreibung der Deutschen. Voraussetzungen, Verlauf, Folgen, München 2011.
Beer, Mathias, Rezension zu: **Kittel,** Manfred, Stiefkinder des Wirtschaftswunders? Die deutschen Ostvertriebenen und die Politik des Lastenausgleichs (1952 bis 1975), einsehbar unter: https://www.hsozkult.de/publicationreview/id/reb-93291 (eingesehen am 22.01.2022).
Bekenntnis zu den Brüdern und Schwestern im Osten, in: Die Rheinpfalz vom 18. Juni 1960.
Bei Frau Ackermann zu Besuch, in: Donauschwäbische Rundschau, 3. Jg. (36), vom 06. September 1953, 5.
Benz, Wolfgang, Alltagsrassismus. Feindschaft gegen „Fremde" und „Andere", Frankfurt am Main 2021.
Bischof, Helmut (Hrsg.), Neusatzer Klassenbuch. Mit Bildern aus dem kurzen Leben der Neusatzer Deutschen Bürgerschule, Sandhausen 1986.
Bode, Sabine, Kriegsenkel. Die Erben der vergessenen Generation, Stuttgart 2013.
Bodrožić, Marica, Mein weißer Frieden, München 2014.
Boulbina, Selousa Luste, Diagnose, Chronik und Kritik des Nichtsehens, in: **Diallo,** Aicha u.a. (Hrsg.), Bonn, 2021, 102-109.
Bundesministerium für Vertriebene, Flüchtlinge und Kriegsgeschädigte (Hrsg.), 10 Jahre nach der Vertreibung. Äußerungen des In- und Auslandes und eine Zeittafel, Bonn 1956.

C

Casagrande, Thomas, Die volksdeutsche SS-Division „Prinz Eugen". Die Banater Schwaben und die nationalsozialistischen Kriegsverbrechen, Frankfurt/Main 2003.
Clark, Christopher. Von Zeit und Macht. Herrschaft und Geschichtsbild vom Großen Kurfürsten bis zu den Nationalsozialisten, München 2018 (5. Aufl.).

D

Danktelegramm der Donauschwaben an Dr. Adenauer, in: Freisinger Tagblatt vom 08.02.1954.
Deutscher Bundestag (Hrsg.), Parlamentsdeutsch. Lexikon der parlamentarischen Begriffe, Berlin 2020 (Stand: Juni 2020).
Deutscher Frauenrat, Lobby der Frauen in Deutschland e.V. (Hrsg.), Auswirkungen

von Antifeminismus auf Frauenverbände. Demokratie-Empowerment als Gegenstrategie, Oktober 2020.
Diallo, Aicha, u.a., (Hrsg.), Untie to tie, Bonn 2021.
Die Frau und die Wehrpolitik, in: Der Pfälzer (18) vom 28. April 1961, 5-6.
Die tauben Ohren in Bonn, in: Salzburger Nachrichten vom 30.03.1954.
Donaudeutsche Landsmannschaft in Rheinland Pfalz e.V., Urkunde über die Verleihung der Johann-Eimann-Plakette an Frau Annemarie Ackermann, Neustadt 1975 (18.10.1975).
Drexler, Katharina, Ererbte Wunden heilen, Stuttgart 2017.

E

Ein Bollwerk sein gegen den Bolschewismus, in: Speyerer Tagespost vom 08. Mai 1961.
Eisenberg, Peter, Weder geschlechtergerecht noch gendersensibel, in: ApuZ, Jg. 72, vom 31. Januar 2022, 30-35.
Enzensberger, Hans Magnus, Die Große Wanderung, Frankfurt am Main 1992.

F

Fischer, Wolfgang, Heimatpolitiker? Selbstverständnis und politisches Handeln von Vertriebenen als Abgeordnete im Deutschen Bundestag 1949-197, Berlin 2010.
Franzen, Nikolaus, In Erinnerung gebracht: Annemarie Ackermann, unsere einzige donauschwäbische Politikerin, in: DS Heimatkalender 2010.
Frau Bundesminister? in: Deutsche Zeitung vom 13. April 1960.
Frauenanteil im Deutschen Bundestag seit 1949, online einsehbar unter: https://de.wikipedia.org/wiki/Frauenanteil_im_Deutschen_Bundestag_seit_1949 (eingesehen am 26.01.2023).
Fricke, Hannes, Das hört nicht auf. Trauma, Literatur und Empathie, Göttingen 2004.
Für Heimatvertriebene viel getan, in: Der Pfälzer vom 28. April 1961.
von Friesen, Astrid, Der lange Abschied. Psychische Spätfolgen für die 2. Generation deutscher Vertriebener, Gießen 2000.

G

Gospodinov, Georgi, Zeitzuflucht, Berlin 2022 (3. Aufl.).
Gündisch, Konrad, Deutsche Migrationsbewegungen in Südosteuropa, in: Stiftung Haus der Geschichte der Bundesrepublik Deutschland (Hrsg.), Flucht,

Vertreibung, Migration. Begleitbuch zur Ausstellung, Bonn, Bielefeld 2005, 75–81.

H

Haarer, Johanna, Die deutsche Mutter und ihr Kind, 1934.
Haberl, Tobias, Den Tod vor Augen, in: Süddeutsche Zeitung Magazin (30) vom 30. Juli 2021, 14-19.
Hammarskjöld, Dag, Zeichen am Weg, Stuttgart 2012.
Hassel, Florian, Gute Schrift, schlechte Schrift. Serbiens Regierung will, dass kyrillisch geschrieben wird, in: SZ (214) vom 16.09.21.
Hausleitner, Mariana, Die Donauschwaben 1868-1948. Ihre Rolle im rumänischen und serbischen Banat, Stuttgart 2014.
Heidegger, Martin, Was heißt Denken? Stuttgart 1992.
Hofmann, Christiane, Alles, was wir nicht erinnern. Zu Fuß auf dem Fluchtweg meines Vaters, München 2022.
Hollik, Johann, Geschichtlicher Hintergrund, in: **Radović,** Nadežda/**Sinđelić-Ibrajter,** Dobrila u.a. (Hrsg.), Donauschwäbinnen. Frauenschicksale aus der Wojwodina nach 1941, Salzburg 2010, 295–307.

I

Ivanji, Ivan, Brücken der Erinnerung vom 08.11.2017, in: https://www.bpb.de/themen/europaeische-geschichte/geschichte-im-fluss/158942/bruecken-der-erinnerung (eingesehen am 24.08.2022).
Ivanji, Ivan, Meine Donau, in: https://www.bpb.de/geschichte/zeitgeschichte/geschichte-im-fluss/158769/meine-donau?p=all (eingesehen am 20.09.2021).

J

Janko, Sepp, Weg und Ende der deutschen Volksgruppe in Jugoslawien, Graz 1982.

K

Kafka, Franz, Der Steuermann, in: **Brod,** Max (Hrsg.), Beschreibung eines Kampfes, Frankfurt am Main 1986.
Kahlenberg, Friedrich P. (Hrsg.), Europa unterm Hakenkreuz. Die Dokumenta-

tionspolitik des deutschen Faschismus in Jugoslawien, Griechenland, Albanien, Italien und Ungarn (1941-1945), Berlin/Heidelberg 1992.

Kellerhof, Sven Felix, Der „Lastenausgleich“ nach 1945 war vor allem psychologisch wichtig (04.04.2020), in: https://www.welt.de/print/die_welt/wissen/article207022365/Der-Lastenausgleich-war-vor-allem-psychologisch-wichtig.html (eingesehen am 22.01.22).

Khanna, Parag, Move – Das Zeitalter der Migration, Berlin 2021.

Kindler, Marie-Luise, Das ist einfach unsere Geschichte. Lebenswege der zweiten Generation nach dem Nationalsozialismus, Gießen 2013.

Kittel, Manfred, Stiefkinder des Wirtschaftswunders? Die deutschen Ostvertriebenen und die Politik des Lastenausgleichs (1952-1975), Düsseldorf 2022.

Koch, Peter, Konrad Adenauer. Eine politische Biographie, Berlin – Darmstadt – Wien 1985.

Koepcke, Monika, (01.09.2017) in: https://www.deutschlandfunk.de/65-jahre-lastenausgleichsgesetz-zur-liquidierung-unserer-100.html (eingesehen am 19.02.2022).

Körner, Torsten, In der Männer-Republik. Wie Frauen die Politik erobern, Köln 2021.

Körner, Torsten, Die Unbeugsamen. Dokumentarfilm 2021.

Kohlenberger, Judith, Das Fluchtparadox. Über unseren widersprüchlichen Umgang mit Vertreibung und Vertriebenen, Wien 2022.

Koljanin, Milan, Die Lager als Bezugsquelle von Zwangsarbeitern in Serbien 1941-1944, in: **Schmid,** Sanela u.a. (Hrsg.), Zwangsarbeit in Serbien. Verantwortliche, Nutznießer und Folgen der Zwangsarbeit, 1941-1944, Belgrad 2018, 50-61.

Konstantinović, Zoran, Das Bild des Deutschen in der serbischen Literatur, in: **Schubert,** Gabriella u.a. (Hrsg.), Serben und Deutsche. Traditionen der Gemeinsamkeit gegen Feindbilder, Jena 2003, 57-68.

Koschak, Emil, Denkmal für den unbekannten Helfer aller Nationen. Leidensweg der Donauschwaben (1722-1945). Ihr großer Helfer Peter Max Wagner (Brooklyn), Wien o.J.

Kossert, Andreas, Flucht. Eine Menschheitsgeschichte, München 2020.

Krämer, Florian, Danktelegramm der Donauschwaben an Dr. Adenauer, in: Freisinger Tagblatt vom 08.02.1954.

Kurlbaum-Beyer, Lucie, Parlamentsreise an die Westküste Afrikas, in: dies., Krieg tötet Zukunft. Leben und Arbeiten für eine friedliche Welt, Bonn 2004.

L

Levinas, Emmanuel, Die Zeit und der Andere, Hamburg 1989.

Link, Hilde, „Die Weltreisenden“, Schleichwege zum Hass, Ulm 2021.

Luhmann, Niklas, Die Kunst der Gesellschaft, Frankfurt am Main 1999.

M

Männle, Ursula (Hrsg.), Weil ich so viel Not gesehen. Maria Probst 1902-1967, München 2017.
Manoschek, Walter, „Serbien ist judenfrei". Militärische Besatzungspolitik und Judenvernichtung in Serbien 1941/1942, München 1993.
Marchart, Oliver, Cultural Studies, München 2018.
Marinić, Jagoda, Sheroes. Neue Held*innen braucht das Land, Frankfurt am Main, 2019.
Marquart, Regine, Das Ja zur Politik, Frauen im Deutschen Bundestag (1949-1961), Opladen 1999.
Martino, Paloma, Geschichte der Europäischen Frauen-Union. Sektion Schweiz, Flawil 2008.
MdB Ackermann appelliert an die Jugend, in: Neuland 04/1955.
MdB Ackermann gut placiert, in: Neuland v. 08.07.1961.
MdB Ackermann in bayerischen Lagern, in: Neuland vom 19.11.1955.
MdB Ackermann kennt Sorgen und Nöte unserer Gruppppe, in: Neuland (33) v. 08/1959.
MdB Annemarie und MdB Claire kletterten ins Düsenflugzeug, in: Abendpost vom 05.06.1959.
Mit Liebe statt mit Paragraphen. Die Landauerin Frau Anna Ackermann zieht in den neuen Bundestag ein, in: Vorderpfälzer Tagblatt vom 08. September 1953.
Mit neuem Mut in ein freies Leben, in: Südostkurier vom 03.02.1954.
Moser, Hans, Brief an Annemarie Ackermann vom 21.09.1953 (unveröffentl.).
Müller, Herta, Das Ticken der Norm, in: Hunger und Seide, Essays, Frankfurt am Mai 2016, 95-108.

N

Nieberding, Mareike, Kleingehalten, in: SZ (7) vom 18.02.22, 8-13.

O

Ollenhauer, Erich, zit. in: **Köpcke,** Monika (01.09.2017) in: https://www.deutschlandfunk.de/65.-jahre-lastenausgleichsgesetz-zur-liquidierung-unserer-100.html (eingesehen am 19.02.22)

P

Panagiotidis, Jannis, Migrationsgesellschaft Deutschland, in: (Spät-)Aussiedler in der Migrationsgesellschaft, in bpb (2019) H. 2, 12-15.

Pejin, Attila, in: Doppeldiaspora mit dreifacher Identität. Das Judentum in der Batschka nach dem Vertrag von Trianon (1918-1941) (Übersetzung: Boglárka Török) Délkelet-Európa – South-East Europe International Relations Quarterly, Jg. 3. Nr. 4. (Sommer 2012), 8.

Peters, Meinolf, Das Trauma von Flucht und Vertreibung. Psychotherapie älterer Menschen und der nachfolgenden Generationen, Stuttgart 2018.

Petzold, Christian, zit. in: **Engelbert,** Achim, Leben im Transit – ein Gespräch über Flucht und Heimat (06.04.2018), einsehbar unter: www.piqd.de (eingesehen am 20.08.2022).

Poljaković, Ivan, Schatten der Vergangenheit. Flucht und Vertreibung in der donauschwäbischen Literatur der Nachkriegszeit, Zagreb 2009 (Diss. 2004).

Prinz, Alois, Hannah Arendt oder Die Liebe zur Wahrheit, Weinheim, Basel 2015.

R

Radović, Nadežda, Die Auseinandersetzung mit Vorurteilen als Voraussetzung für eine Befriedung, in: **Radović,** Nadežda u.a. (Hrsg.), Donauschwäbinnen. Frauenschicksale aus der Wojwodina nach 1941, Salzburg, Österreich 2010, 19-26.

Rauwald, Marianne (Hrsg.), Vererbte Wunden. Transgenerationale Weitergabe traumatischer Erfahrungen, Weinheim, Basel 2020.

Roscic, Dijana, Hundert Zivilisten für jeden getöteten deutschen Soldaten, in: Deutsche Welle (2021) vom 21.10.2021, 1, einsehbar unter: www.dw.com/de/hundert-zivilisten-für-jeden-getöteten-deutschen-soldaten/a-59549278

Rückgabe von 8000 Kindern gefordert, in: Rheinpfalz vom 08. März 1956.

S

Safranski, Rüdiger, Zeit. Was sie aus uns macht und was wir aus ihr machen, München 2015.

Schlögel, Karl, Die Mitte liegt ostwärts, München, Wien 2002.

Schmid, Sanela, Serbische Zivilarbeiterinnen in Nürnberg 1941-1954, in: dies. u.a. (Hrsg.), Zwangsarbeit in Serbien. Verantwortliche, Nutznießer und Folgen der Zwangsarbeit, 1941-1944, 90-116.

Schoeps, Julius H., Deutsch oder heimatlos, in: **Staas,** Christian u.a. (Hrsg.) ZEITGeschichte (6) 2021, 16-19.

Schwartz, Michael, Funktionäre mit Vergangenheit. Das Gründungspräsidium des Bundes der Vertriebenen und das „Dritte Reich", München 2013.
Schwartz, Michael, 75 Jahre Flucht und Vertreibung: Dimensionen der Erinnerung, in: Bayerische Landeszentrale für politische Bildungsarbeit (Hrsg.), Einsichten und Perspektiven Themenheft (2021) H. 1, 19.
Senghaas, Dieter, Zivilisierung wider Willen. Der Konflikt der Kulturen mit sich selbst, Frankfurt am Main 1998.
Senz, Ingomar, „Maria Theresia der Donauschwaben", einsehbar unter: https://kulturstiftung.donauschwaben.net/aktuelles/2013_11_01_ackermann (eingesehen am 13.12.2022).
Senz, Ingomar, Rückkehr ins Sehnsuchtsland. Die Eingliederung der Donauschwaben in die deutsche Nachkriegsgesellschaft, Deggendorf 2020.
Senz, Ingomar, Annemarie Ackermann, mehr als eine Bundestagsabgeordnete (Film), München 2022
Sewann, Gerhard, **Portmann,** Michael, Donauschwaben. Deutsche Siedler in Südosteuropa, Potsdam 2020.
Söder, Stevan A., Verheerende Folgen, Sremski Karlovici 2021.
Speidel, Rosa, Traumata oder die verlorene Identität, in: St. Gerhardswerk (Hrsg.), Donauschwäbisches Martyrologium, Stuttgart 2018, 402-415.
Steidele, Angela, Poetik der Biographie, Berlin 2019.
Stickler, Matthias, Die deutschen Vertriebenenverbände – Interessensgruppen mit gesamtnationalen Anspruch, in: Stiftung Haus der Geschichte der Bundesrepublik Deutschland (Hrsg.), Flucht, Vertreibung, Integration. Begleitbuch zur Ausstellung, Bonn 2005, 145-153.
Stickler, Matthias, Landsmannschaften (nach 1945), publiziert am 18.02.2013; in: Historisches Lexikon Bayerns, einsehbar unter: www.historisches-lexikon-bayerns.de/Lexikon/Landsmannschaften_(nach_1945) (eingesehen am 03.01.2022).
Stickler, Matthias, Ostdeutsch heißt gesamtdeutsch. Organisation, Selbstverständnis und heimatpolitische Zielsetzungen der deutschen Vertriebenenverbände (1949-1972), Düsseldorf 2004.
Studienreise nach Afrika, in: Neuland (08/1959).
Stupp, Johann Adam, Annemarie Ackermann im Deutschen Bundestag, in: Südostdeutsche Jahresblätter 1995/3, 239-242.
Suter, Martin, Die Zeit, die Zeit, Zürich 2012.

T

Tatschmurat, Carmen, Das Nichterlebte erinnern, in: dies. u. a. (Hrsg.) Töchter-Fragen. NS-Frauen-Geschichte, Freiburg i.Br. 1990, 355-370.
Trott, Magda, Puckis neue Streiche, Leipzig 1937.

U

Uexküll von, Gösa, Konrad Adenauer. Monographie, Reinbek 2004,

W

Wahlaufruf an alle Donauschwaben, in: Donauschwäbische Rundschau vom 06.09.1953.
Walter, Elisabeth B., Barefoot in the Rubble, Illinois 2000.
Weil, Simone, Zeugnis für das Gute, Zürich/Düsseldorf 1998.
Werhahn-Adenauer, Libet, Erinnerungen an meinen Vater, Überlingen 2019.
Wichtiges in Kürze, in: Der Pfälzer (36) vom 04.09.1953, 2.
Wiggershaus, Rolf, Die Frankfurter Schule. Geschichte – theoretische Entwicklung – politische Bedeutung, München 1988, 496; zit. in: **Schwartz,** Michael, 75 Jahre Flucht und Vertreibung: Dimensionen der Erinnerung, in: Landeszentrale für politische Bildungsarbeit (Hrsg.), Einsichten und Perspektiven Themenheft 1, 14.

X/Y/Z

Yousefi, Hamid Reza/**Braun,** Ina, Interkulturalität. Eine interdisziplinäre Einführung, Darmstadt 2011, 47.

*

Interviews/Gespräche:
Interview mit Ria Schneider (Zeitzeugin, Tochter) am 15.11.21.
Interview mit Stefan Schneider (Enkel) am 22.02.22.
Interview mit Anna Weinmüller (Zeitzeugin, geb. 1923) am 17.03.2022.
Gespräch mit Matthias Stickler (Südosteuropaexperte) am 16.08.2022.
Gespräch mit Harro Ackermann (Sohn) vom 13.09.2022.
Gespräch mit Friederike Spaedd (jüngste Tochter) am 02.01.2023.
Zahlreiche biografische Gespräche mit Ria Schneider.

Tonbandaufnahmen:
Erinnerungen MdB 1991 (Einbürgerung/Lastenausgleich/Flug T 33) v. 27.10.1991.
Flucht nach Landau 1993 (Flucht 1951).

Privataufzeichnungen von Ria Schneider:
- Daten von Otto.
- Die ersten Schritte in der neuen Heimat.
- Die Farbpalette meiner Mutter.
- Die Kleider meiner Mutter.
- Dokumentation der Amerikareise von Annemarie Ackermann (28.06.1965 – 15.08.1965).
- Eine Kindheit im Krieg.
- Ein Spaziergang in meiner Kindheit.
- Erinnerung.
- Erinnerungen an Otto.
- Familienchronik.
- Flucht aus der Heimat.
- In den Vereinigten Staaten.
- Kurzbiographie.
- Mei Mottersproch.
- Parabutsch.
- Report.
- Unser Elternhaus.
- Unser Kinderzimmer.
- Unsere Urgroßmutter.
- Unser Vati.

Aussschussprotokolle des Parlaments/Presse- und Informationsamt: Bundesausschuss für Heimatvertriebene
1953-1957/2. Wahlperiode/Sitzung 1-57.
PA-DBT 3113-1 Heimatvertriebene A 34/2; Nr. 1-51.

Bundesausschuss für Heimatvertriebene
1957-1961/3. Wahlperiode/Sitzung 1-42.
PA-DBT 3113-1 Heimatvertriebene A 25/3; Nr. 1-42.

Bundesausschuss für Kriegsopfer und Heimkehrerfragen
Bd. 1: PA-DBT 3113-1 Kriegsopfer- und Heimkehrerfragen A 29/2; Nr. 1-60 [1953-1955].
Bd. 2: PA-DBT 3113-1 Kriegsopfer- und Heimkehrerfragen A 29/2; Nr. 61-114 [1955-1957].
Bd. 3: PA-DBT 3113-1 Kriegsopfer- und Heimkehrerfragen A 22/3 [1957-1961].

Bundesausschuss für Wiedergutmachungen
PA-DBT 3120-1 Wiedergutmachung A 7/4.

Lastenausgleichsausschuss
PA-DBT 3107-1 Finanzen A20/2, Nr. 1-77 [1953-1957].
PA-DBT 3107-1 Finanzen A15/3, Nr. 1-36 [1957-1961].

Presse- und Informationsamt
Band 1
Band 2

Zeittafel

1913	Geburt von Annemarie Eisemann am 26. Mai in Parabutsch/Parabuć/Páripás (heute: Ratkovo) als zweite Tochter von Mariann Singler (1895–1921) und Jakob Eisemann (1885–1914).
1914	Tod des Vaters.
1921	Tod der Mutter.
1930	Geburt des Neffen Otto.
1930	Tod der Schwester Anna Maria (geb. 1911).
1931	Hochzeit von Annemarie und Matthias Ackermann.
1932	Tod des Großvaters Philipp Eisemann (geb. 1858).
1932	Geburt der Tochter Ria.
1934	Umzug nach Novi Sad.
1936	Geburt des Sohnes Herbert.
1938	Die von den Ungarn organisierten Aufmärsche beginnen in der Batschka.
1939	Sepp Janko wird Obmann des Schwäbisch-Deutschen Kulturbundes.
1940	Geburt der Tochter Friedl.
1941	Staatsstreich durch General Simović (27. Februar)
1941	Jugoslawien tritt dem Dreimächtepakt in Wien bei (25. März).
1941	Sepp Janko stellt die Tätigkeiten des Schwäbisch-Deutschen Kulturbundes ein (28. März).
1941	Bombardierung Belgrads (6. April). Beginn des Jugoslawienfeldzuges des Deutschen Reichs und Zerfall des jugoslawischen Staates. Die Gebiete Batschka und Baranya werden Ungarn zugeschlagen.
1942	Massaker in Novi Sad.
1944	Luftangriffe treffen Novi Sad.
1944	Beginn der Flucht am 4. Oktober.
1945	Geburt des Sohnes Harro während der Flucht.
1945	Selbstmord Adolf Hitlers (30. April).
1946	Die Familie findet wieder zusammen. Mehrere Jahre Aufenthalt in verschiedenen Flüchtlingslagern in Linz/Oberösterreich.
1951	Flucht nach Landau/Pfalz.
1952	Großmutter Rosina stirbt mit 82 Jahren.
1953	Annemarie Ackermann wird am 6. Oktober Mitglied der zweiten Wahlperiode des Deutschen Bundestages (bis 15. Oktober 1957).
1955	Annemarie Ackermann ist Teil der Russland-Delegation.
1956	Annemarie Ackermann reist durch die USA.

1957	Am 15. September wird Annemarie Ackermann Mitglied des dritten Deutschen Bundestages (bis 17. September 1961).
1959	Annemarie Ackermann wird Bundesvorsitzende der jugoslawiendeutschen Landsmannschaft (bis 1961).
1959	Sie ist Teil der Goodwill-Delegation, die nach Afrika entsandt wurde.
1961	Bau der Berliner Mauer
1962	Aufnahme ihrer Tätigkeit im Presse- und Informationsamt (bis 1978).
1962	Scheidung von Annemarie und Matthias Ackermann.Umzug mit dem jüngsten Sohn Harro nach Königswinter bei Bonn.
1965	Annemarie Ackermann rückt am 16. Januar in den vierten Deutschen Bundestag für den ausgeschiedenen Gerhard Fritz nach (bis 17. Oktober 1965).
1978	Tätigkeit als als Referentin u. a. beim Katholischen Bildungswerk in Köln.
1994	Am 18. Februar stirbt Annemarie Ackermann in Königswinter bei Bonn.

Aus dem Verlagsprogramm

Hilde Link
„Die Weltreisenden " – Schleichwege zum Hass
Oral-History-Roman
ISBN 978-3-946046-26-4

Florin Iaru
Die grünen Brüste
Erzählungen
ISBN 978-3-946046-17-2

Sigrid Katharina Eismann
Das Paprikaraumschiff
Roman
ISBN 978-3-946046-18-9

Rayna Breuer
Platte 317
Roman
ISBN 978-3-946046-25-7

Klaus Rohrmoser
flüstern
Erzählung
ISBN 978-3-946046-28-8

Verlagspreis Literatur des Landes Baden-Württemberg 2022

Aus dem Verlagsprogramm

Pavol Rankov
Der Kleine Donaukrieg
Roman
ISBN 978-3-946046-31-84

Georgi Tenev
Christo und die freie Liebe
Roman
ISBN 978-3-946046-36-3

Zoltán Lesi (Hg.)
An unseren Grenzen haben wir Angst
Anthologie
ISBN 978-3-946046-38-7

István Örkény
Rebellion in der Nussschale
Ein Lesebuch
ISBN 978-3-946046-34-9

Oxana Matiychuk
Rose Ausländers Leben im Wort
Graphic Novel
ISBN 978-3-946046-27-18

Gesamtprogramm: www.danube-books.eu

Lyrikreihe edition textfluss

Lothar Quinkenstein
Die Brücke aus Papier
Sprachen der Bukowina
ISBN 978-3-946046-21-9

Bogdan Coşa (Hg.)
Die Spitzenelf / Primul unsprezece
(rumänisch/deutsch)
ISBN 978-3-946046-11-0

Mila Haugová
Langsame Bogenschützin/Pomalá lukostrelkyňa
(slowakisch/deutsch)
ISBN 978-3-946046-09-7

Ilse Hehn
Sandhimmel
Lyrik & Übermalungen
ISBN 978-3-946046-06-6

Gesamtprogramm: www.danube-books.eu

Lyrikreihe edition textfluss

Admiral Mahić
Flirrende Visionen / Lepršava priviđenja
(bosnisch/deutsch)
ISBN 978-3-946046-16-5

Kristiane Kondrat
Wer tanzt im Niemandsland
ISBN 978-3-946046-33-2

Franz Hodjak
Im Ballsaal des Universums
ISBN 978-3-946046-35-6

Sigrid Katharina Eismann
Dschangakinder
ISBN 978-3-946046-30-1

Sophie Reyer
Silberstrom bin ich
ISBN 978-3-946046-23-3

Gesamtprogramm: www.danube-books.eu